La Peine des Travaux Forcés en RDC

Une Analyse Critique de la Légalité Pénale face à la Constitution de 2006

NDOMBA BELEBELE Samuel

Title: La Peine des Travaux Forcés en RDC

Une Analyse Critique de la Légalité Pénale face à la Constitution de 2006

ISBN: 979-8-89966-083-2

Author: NDOMBA BELEBELE Samuel

Cover image: https://pixabay.com/

Publisher: Generis Publishing
Online orders: www.generis-publishing.com
Contact email: info@generis-publishing.com

Generis
PUBLISHING

NDOMBA BELEBELE Samuel

Avocat au Barreau de Kinshasa/Matete et chercheur au

Centre de Recherche en Sciences Humaines « CRESH », Département Juridique, Section Droit Privé et Judiciaire, Kinshasa, République démocratique du Congo.

La Peine des Travaux Forcés en RDC

Une analyse critique de la légalité pénale face à la constitution du 18 février 2006

DEDICACE

A mon défunt Père, Belebele wa Mpinda Muan'a Tshialu Pierre, Bamfukunuina Petula Misakabu mayi mfuka mukela, surnommé de son vivant Avocat du peuple par ses contemporains pour m'avoir inspiré le modèle du défenseur des opprimés ;

A ma très chère Mère, Ndaya wa Kantshiama Monique, Mukishi muidika muntu, femme battante au vrai sens du mot pour tous les sacrifices consentis et toutes les privations endurées afin de nous faire paraître au rang des hommes ;

A mon très cher et distingué Grand frère Emile Mpinda Muan'a Tshialu, Josefu muena ndota pour m'avoir témoigné l'amour inconditionnel en me supportant durant tout mon parcours académique jusqu'à mon accession au Barreau ;

A ma très chère épouse, Kutekemenyi Bénédicte wa Tshipamba ne Tshilanda, wamukala wa munda kamushadi mukuabu, ma complice dans le bon et amie fidèle pour la marque de confiance à mon égard ;

A mon Maître, Kabengela Ilunga Jean-Marie, le Gamaliel de ma vie professionnelle pour m'avoir appris, sans condition la subtilité et la finesse du droit ;

A mes très chers et aimables enfants, Ndomba Mpinda Emilio, Ndomba Cimanga Andréa et Ndomba Ndaya Monica pour m'avoir appris le vrai statut d'un Père.

REMERCIEMENTS

La concrétisation de cette œuvre m'impose un devoir de reconnaissance envers tous ceux qui, d'une manière ou d'une autre, m'ont stimulé et encouragé dans mon processus pour être chercheur et contribué au perfectionnement de mes écrits.

Ainsi, mes remerciements distingués vont à l'endroit de mon cher confrère, frère et ami, Maître Kabasele Kapanga Stone pour m'avoir donné le goût de la recherche scientifique et le plaisir d'écrire et publier.

Que le Professeur Bobo Kabungu, Directeur scientifique du Centre de recherche en science Humaines « CRESH », Maître Célestin Mutshipayi, chef de la section droit privé et judiciaire ainsi que tous les collègues du département des sciences juridiques reçoivent mes sincères remerciements pour la lecture et les orientations scientifiques.

Que tous mes confrères, Maîtres Entombodji Efelo Serge, Kashala Nsata Bosco, Matabisi Bibi Rachel, Bidiluile Mutuambile Mamie, Ngalamulume Jonas, Diyoka Kasanda Fortunat, Lukusa Dibwe Freddy, Kalala Kampanga Geoffrey, Bakusanga Mutombo Lucien, Mudingayi Nkongolo Junior et notre Secrétaire Mme Mushiya Kalemba Rose, trouvent ici l'expression de ma gratitude pour leur encouragement.

TABLES DES MATIERES

PREFACE

En parcourant cette œuvre intitulée la peine des travaux forcés en RDC, une analyse critique de la légalité pénale face à la constitution du 18 février 2006. Je découvre là l'une des caractéristiques majeures de mon collaborateur fidèle, Maître Ndomba Belebele Samuel, savoir la passion de la justice pour tous ;

En effet, un pays qui se veut réellement démocratique, fait de la justice et du respect des droits humains son cheval de bataille à tel enseigne qu'aucun de ses citoyens ne peut sous quelle que forme que ce soit vivre une injustice ou subir une violation d'un de ses droits sans voir la répercussion de celles-ci retomber sur ses éventuels bourreaux;

Cependant, il en est autrement dans le cadre du sujet développé dans cet ouvrage où l'on constate que l'Etat, c'est-à-dire le pouvoir public et toutes ses composantes ont édicté des lois dont l'applicabilité de certaines de leurs dispositions pose problème et conduit à des conséquences incalculables sur le dos des citoyens.

Pour toute personne éprise de justice et de droit, il est impensable que la peine des travaux forcés prévue à l'article 5 tiré 2 du code pénal congolais livre 1er soit confondue à celle des servitudes pénales qui vient après elle dans la hiérarchisation des peines et dont la gravité n'est pas la même entre les deux peines.

En se référant au principe de la légalité des délits et peines et de l'attributivité de la compétence, il se dégage que la peine des travaux forcés ne rentre dans la compétence d'aucune juridiction à l'heure actuelle. Cela étant, c'est à tort que certaines juridictions s'affirment être compétentes pour prononcer cette peine alors qu'aucune loi ne la leur attribue.

L'auteur nous a, à travers son œuvre, offert une bonne balade scientifique partant de l'historique de la peine des travaux forcés, traversant la grande forêt d'attente interminable de la mesure de formalisation, remontant la colline du nouvel ordre institutionnel, passant par la savane parlementaire où une loi abrogatoire a été adoptée mais est, à l'instar des mesures de formalisation sus invoquées restée lettre morte pour atterrir ainsi à la plaine du retour à la légalité consistant à publier au journal officiel la loi d'abrogation, ce qui aura pour conséquence de voir relaxer toutes les personnes condamnées aux travaux forcés mais détenues dans des prisons pour purger la peine de servitude pénale, une pratique qui crée l'analogie alors qu'elle est strictement interdite dans l'interprétation de la loi pénale qui se veut être de stricte interprétation. Ou en faisant tomber les pesanteurs d'ordre politique et social pour la rendre utile et serviable au droit pénal.

Puisse donc cette œuvre impulser le législateur rd-congolais à cogiter sur le bienfondé de recourir à la légalité légale pour permettre à ses citoyens de vivre une justice qui soit légalement conforme

Maître Kabengela Ilunga Jean-Marie,

Avocat et Doyen Honoraire du Conseil de l'ordre du Barreau de Kinshasa/Matete et Conseil près la Cour Pénale Internationale.

AVANT-PROPOS

Au regard des dispositions de l'article 16 alinéas 4 et 5 de la Constitution de la République Démocratique du Congo du 18 février 2006 telle que modifiée à ce jour par la Loi n°11/002 du 20 janvier 2011 portant révision de certains articles de cette constitution et de l'arrêt rendu par la Cour Suprême de Justice de la République Démocratique du Congo en date du 19 août 2011 sous R. Const 166, il se dégage que la peine des travaux forcé a été extirpée de l'arsenal juridique congolais et ne peut cependant plus être applicable par les Cours et Tribunaux car aucune juridiction n'a reçu du législateur la compétence de pouvoir la prononcer.

Cependant, il s'observe en pratique des Cours et Tribunaux que les personnes poursuivies et condamnées à la peine des travaux forcé du chef de l'infraction de détournement des deniers publics, purgent cette peine en prison, alors que l'article 6 bis alinéa 3 du code pénal congolais livre 1er, interdit l'assimilation et la confusion de la peine des travaux forcés à celle de servitude pénale.

Cette pratique constitue à la fois l'impunité et l'arbitraire qu'il faut à tout prix bannir par la promulgation de la loi portant suppression de la peine des travaux forcés ou à tout le moins la formalisation de cette peine en celle des travaux d'intérêt général à l'instar de ce qui est prévu dans la loi portant protection de l'enfant.

L'auteur

INTRODUCTION GENERALE

Il est vrai que la peine en droit pénal congolais à l'instar d'autres pays du système romano germanique, se fonde sur le principe de la légalité de la peine qui entraîne la nécessité de définir les infractions en termes suffisamment clairs et précis pour en exclure l'arbitraire et permettre aux intéressés de mesurer exactement la nature et le type des agissements sanctionnables (Gaston, 2018).

Ce principe est considéré à juste titre comme « la clé de voûte » du système judiciaire. Il signifie que les règles du droit pénal sont exprimées dans la « loi »: seuls peuvent faire l'objet d'une condamnation pénale les faits déjà définis et sanctionnés par le législateur au moment où l'accusé a commis son acte, et seules peuvent leur être appliquées les peines édictées à ce moment déjà par le législateur (Nyabirungu, 1989).

L'infraction doit donc être portée par une norme pénale qui peut être une loi, une convention, et même pour d'autres pays, un arrêté. (Wane, 2013).

Se conformant à ce principe de la légalité, et en vue d'assainir les finances publiques, la République Démocratique du Congo avait, à travers la loi n°73-017 du 05 janvier 1973, institué la peine des travaux forcés pour sanctionner le détournement des deniers publics. Cette loi avait comme motif principal, « assurer à l'Etat une certaine compensation de la perte qu'il subissait à la suite de l'infraction de détournement des deniers publics » (Wane, 2013), et constitue le fondement-même de cette peine inscrite à l'article 145 du Code pénal congolais livre 2.

Cependant, une loi de mise en application devait être prise afin d'organiser l'applicabilité de cette peine. Depuis lors, cependant, partant des régimes politiques du Président Joseph Désiré MOBUTU passant par les Présidents Laurent Désiré KABILA, Joseph KABILA et Felix Antoine TSHISEKEDI qui poursuit son mandat, la peine des travaux forcés demeure inorganisée et qu'aucune instance spécialisée en la matière n'a pu et ne propose au Chef de l'Etat un règlement portant clarification de l'organisation de cette peine en vue de son exécution.

Hormis le défaut d'organisation de l'applicabilité ou d'exécution de cette peine, l'ordonnance-loi n°82-020 du 31 mars 1982 portant le code de l'organisation et de la compétence judiciaire telle que complétée par l'ordonnance-loi n°83-009 du 29 mars 1983 fit mention spéciale de la peine des travaux forcés comme relevant de la compétence matérielle du tribunal de grande instance tel qu'on peut le lire à son article 91 qui s'énonce comme suit « les tribunaux de grande instance connaissent des infractions punissables de la peine de mort et de celles punissables d'une peine excédant cinq ans de servitude pénale principale ou des travaux forcés ».

Cependant, par la réforme institutionnelle intervenue au pays à travers la Constitution du 18 février 2006, le constituant congolais, donnant une nouvelle orientation en ce qui concerne les droits humains et les droits de l'homme, déclare ce qui suit à l'article 16 alinéas 4 et 5: « Nul ne peut être soumis à un traitement inhumain ou dégradant; Nul ne peut être astreint à un travail forcé ou obligatoire ».

En 2011, six ans après la publication au Journal Officiel de la constitution du 18 février 2006, le Président de la République saisit par requête la C.S.J (cour suprême de justice) en appréciation de conformité à la constitution de la loi portant suppression de la peine des travaux forcés telle que votée par l'Assemblée nationale et le sénat.

Par son arrêt du 19 août 2011, la Cour Suprême de Justice déclara conforme à la constitution cette loi portant suppression de la peine des travaux forcés.

Renvoyée à la présidence de la République, la loi portant suppression de la peine des travaux forcés qui prévoyait le remplacement de cette peine à celle de la servitude pénale principale n'a pas été promulguée depuis lors, entre temps, les cours et tribunaux continuent de juger, condamner des personnes à la peine des travaux forcés pour l'infraction de détournement des deniers publics et les emprisonnent.

Le silence du législateur et ce libre arbitre qu'il laisse aux cours et tribunaux attirent l'attention de tout juriste épris de justice et de la légalité à se poser les questions ci-après : Qu'en est-il de l'applicabilité de la peine des travaux forcés en droit judiciaire congolais depuis la promulgation de la constitution du 18 février 2006 ? A quelle infraction s'applique-t-elle et qu'elle est l'instance compétente pour l'appliquer? Qu'elle est le statut actuel des personnes condamnées à cette peine et comment l'exécutent-elles?

En effet, confrontant les dispositions de l'article 16 alinéas 4 et 5 de la Constitution du 18 février 2006 à l'arrêt rendu par la Cour Suprême de Justice en date du 19 août 2011 sous R. Const 166, il se dégage que la peine des travaux forcé a été extirpée de l'arsenal juridique congolais et ne peut cependant plus être applicable par les Cours et Tribunaux car aucune juridiction n'a reçu du législateur la compétence de pouvoir l'appliquer.

Parlant des personnes poursuivies et condamnées du chef de l'infraction des travaux forcé qui devraient cependant être libres de tout mouvement conformément aux dispositions de l'article 6 bis alinéa 4 et 5 du code pénal congolais livre 1er, il s'observe malheureusement que celles-ci se voient coller le statut des condamnés à la servitude pénale et maintenues en prison en violation flagrante de la loi et des instruments juridiques relatifs aux droits de l'homme.

Pour atteindre les objectifs poursuivis dans la présente étude, la technique d'entretien avec les personnes condamnées à la peine des travaux forcés du chef de détournement des deniers publics mais détenues sans fondement juridique au centre pénitentiaire et de rééducation de Kinshasa ainsi que la méthode documentaire ont servi d'approche méthodologique.

En terme de conclusion, une démarche à trois volets s'est dessinée dans le cadre de la présente étude à savoir: la publication de la loi portant suppression de la peine des travaux forcés et sa substitution par la peine de servitude pénale principale pour la rendre opposable à tous car ayant été déjà promulguée de droit, ainsi que l'attribution de la compétence répressive à une juridiction qui devrait désormais connaitre de l'infraction de détournement des deniers publics.

PLAN SOMMAIRE

Le présent ouvrage comporte 3 chapitres répartis comme suit :

Chapitre 1er Généralités,

Chapitre 2 L'applicabilité de la peine des travaux forcés et son abrogation,

Chapitre 3 : de la responsabilité étatique et du retour à la légalité

CHAPITRE I :
GÉNÉRALITÉS

SECTION I DEFINITIONS DES CONCEPTS

De manière générale, ce chapitre a toujours pour mérite d'expliciter les concepts phares utilisés dans une étude ou dans un ouvrage afin de permettre à quiconque d'en avoir la même appréhension que l'auteur.

Cependant, en ce qui concerne le présent ouvrage, il ne s'agira pas de donner des définitions étymologiques de tous les concepts car ceux-ci sont connus du monde scientifique, mais il s'agira plutôt de donner leur éclaircissement à la lumière de la loi, la doctrine et de la jurisprudence.

Cela étant, quelques concepts suivants peuvent être élucidés :

Paragraphe 1er : *De la peine*

Outre le fait d'être considérée par beaucoup de gens comme étant une sanction infligée à une personne, la peine est entendue par la doctrine comme le châtiment édicté par la loi à l'effet de prévenir, et, s'il y a lieu, de réprimer l'atteinte à l'ordre social qualifiée d'infraction (Cornu, 2018). Elle est encore une souffrance imposée pour punir la faute, pour compenser le mal par l'expiation, le crime par le châtiment (Antoine, 1965).

Prise sous cet angle, il est important de noter avec cet auteur que la peine accomplit les fonctions comme la fonction morale, la fonction de prévention spéciale, la fonction de prévention générale ainsi que la fonction d'élimination (Wane, 2013). A celles-ci, une autre doctrine ajoute la fonction d'expiation, d'intimidation et de réadaptation ou d'amendement du délinquant (Anon, 2019).

Cependant, bien qu'un châtiment, la peine doit répondre à certains critères appelés principes directeurs (Corine, 2020). C'est notamment la légalité de la peine, l'existence formelle de la peine, l'existence textuelle de la peine, la prévisibilité de la peine, l'individualisation de la peine, etc. ce qui implique que pour être appelée peine et sanctionner un comportement, la sanction ou le châtiment doit avoir exister et doit précéder l'avènement du comportement ou du fait culpeux.

Paragraphe 2 : *Les travaux forcés*

Ils constituent, comme démontré ci-haut, une peine d'une année au minimum et de 20 ans au maximum qui a été introduite en droit congolais (code pénal congolais livre 1er) par la loi n°73-017 du 05 janvier 1973 pour sanctionner le détournement.

Il sied de souligner que cette peine était admise en droit congolais juste au moment où elle était critiquée et rejetée dans beaucoup de pays, notamment en France par l'ordonnance du 04 juin 1966 qui unifiait les travaux forcés et la réclusion pour donner lieu à la réclusion criminelle.

Paragraphe 3 : *L'arbitraire*

Issu du Latin « arbitrium », la volonté; le mot arbitraire est déjà évoqué au XVIe siècle, sous la plume du criminaliste Imbert. Le terme semble être utilisé fréquemment dès le XVIIIe siècle. Ainsi fait-il l'objet d'un article de l'Encyclopédie de Diderot et d'Alembert (1751-1772). Il y est décrit comme « ce qui n'est pas défini ni limité par aucune loi ou constitution expresse, mais qu'on laisse uniquement au jugement et à la discrétion des particuliers. », (Julien, 2016). Gérard Cornu en donne ainsi une définition neutre: « caractère d'une décision (…) qui n'est pas le résultat de l'application d'une règle existante mais le produit d'une volonté libre. (Julien, 2016).

Nous pouvons soutenir Comme l'analyse Jacques Dewitte, que l'arbitraire est alors ce qui est « immotivé » c'est-à-dire sans explication naturelle ou utilitaire. Bref ce qui se fait en dehors de toute norme établie.

Cette notion d'arbitraire est fréquemment utilisée dans le cadre de questions relatives au procès équitable. La prévention de l'arbitraire y est cruciale, au sens où elle tend "à asseoir la confiance de l'opinion publique dans une justice objective et transparente".»

SECTION II BREF APERÇU DES INFRACTIONS ET DE LEUR REPRESSION EN GENERAL

Contrairement au droit pénal coutumier caractérisé par la règle de la vengeance privée dont la sanction n'est pas prédéterminée et peut varier suivant les humeurs du détenteur du pouvoir de sanctionner, le droit pénal moderne s'est rationnalisé au fur et à mesure de l'évolution de la société au point de mettre en place le principe de la criminalisation et de la pénalisation de comportement jouissant de l'antériorité par apport au fait à incriminer et punir ; principe connu sous le vocable du principe de la légalité des délits et peines ou encore le « nullum crimen, nulla poena sine lege ».

En effet, la légalité dont il est question dans la maxime « Nullum crimen, nulla poenas ine lege » dont les conséquences juridiques sont l'interdiction de l'analogie et de la rétroactivité lorsque cette dernière n'est pas favorable à la personne poursuivie ou lorsque la loi l'a expressément ainsi voulu dans l'application des lois pénales,[1] renvoie à deux sources du droit en l'occurrence la constitution entendue comme un ensemble de règles politiques et juridiques fondamentales qui sont contraignantes pour toute personne ou organisation présente sur le territoire de l'État, y compris pour l'ensemble des institutions étatiques[2] et la loi, émanation du pouvoir législatif national à l'exclusion de tout acte de l'exécutif central ou provincial ainsi que de tout acte de nature législative émanant du pouvoir législatif provincial. Les deux formant ainsi pour la première, le bloc de constitutionnalité et la deuxième, le bloc de légalité.

Il importe de rappeler qu'en vertu de ce principe, seul le législateur a l'obligation d'indiquer, avec précision, à la fois la nature et le taux de la sanction… tandis que le juge ne peut prononcer des peines si le texte n'en prévoit pas (Nyabirungu, 1989). C'est cela qui fait du droit pénal la discipline normative par excellence qui veut que seule la « loi » en détermine l'étendue et les limites, et les autres sources du droit, à savoir: la coutume, la jurisprudence, l'équité, même les principes généraux du droit, si utiles dans l'interprétation des textes, n'ont aucun rôle créateur dans la détermination des infractions et des sanctions (Wane, 2013).

Ce principe prend une importance capitale en droit pénal de fond où la volonté de l'individu n'est pas prise en compte. En effet, le principe de la légalité des délits et des peines veut que les faits incriminés et la sanction applicable ne soient pas soumis à l'arbitraire. Voilà pourquoi toutes les préventions ainsi que les peines qui les sanctionnent sont dorénavant portées par une loi comme ce fut le cas avec l'infraction de détournement des deniers publics sanctionnée par la peine des travaux forcés dont l'analyse de l'aperçu ainsi que la répression à ce jour s'avère importante.

---

[1] Nyabirungu Mwene Songa. *Droit pénal général zaïrois*. Kinshasa, Droit et Société, 1989. p.

[2] Elliot Bulmer, Qu'est-ce qu'une constitution ? Principes et concepts Guide introductif à l'élaboration d'une constitution n° 1, Institut international pour la démocratie et l'assistance électorale, 2021

Paragraphe 1 : L'aperçu de la peine des travaux forcés et sa répression

Le code pénal congolais issu du Décret du 30 janvier 1940 ne reprenait pas la peine des travaux forcés dans la nomenclature des peines. En le parcourant, il se dégage clairement que le législateur avait prévu des peines consécutivement aux différents faits répréhensibles à l'époque, donc les atteintes aux valeurs morales fondamentales autrement appelés infractions traditionnelles (Jean, 2016). Ainsi, ce qui caractérise l'infraction c'est qu'elle est une violation du droit, de la règle de conduite imposée par la communauté, sanctionnée par une peine. Dès lors, l'infraction de détournement des deniers publics ou privés prévue à l'article 145 du code pénal était punissable des peines de servitudes pénales principales allant de 2 à 10 ans. En même temps, la compétence des juridictions pour connaître de telle ou telle autre infraction était déterminée par le taux de la peine.

Cependant, malgré la rigueur de la loi, bon nombre de zaïrois (congolais de l'époque) sont restés insensibles et les détournements des deniers publics avaient continué à se perpétrer comme par le passé. (Mpoyi, 1975).

C'est pourquoi, par l'ordonnance-loi du 3 mai 1968, l'Etat prit des dispositions législatives assez sévères en cas de détournement des deniers publics. Mais, en dépit de cela, aucun changement escompté n'avait été observé. Cela poussera l'Etat à pouvoir procéder à la révision du système de répression jusque-là en vigueur, et le Conseil Législatif National (parlement de l'époque) adopta le 5 janvier 1973, la loi n°73/017 modifiant et complétant la section II du livre I ainsi que les sections VI et VII du titre II du code pénal.

Ces différentes modifications intervenues dans le code pénal jusqu'ici, ont eu pour effet d'enrichir certaines de ses dispositions, en créer et en abroger d'autres. Dans le cadre d'enrichissement, il y a lieu de relever que l'article 2 de cette loi avait apporté des innovations dans la répression du détournement en instituant un système nouveau de répression tant dans sa philosophie que dans son économie (Mpoyi, 1975).

C'est ici que les dispositions de l'article 145 ont connu un changement remarquable de peine qui y était prévue à l'origine, et, ce changement intervenu à la suite de la promulgation de la loi n°73-017 du 05 janvier 1973, a eu entre autres mérites, d'inclure la peine des travaux forcés dans l'arsenal judiciaire congolais en vue de sanctionner les détournements des deniers publics et privés.

Dès lors, l'article 145 du code pénal congolais livre 2 peut donc se lire en des termes ci-après « Tout fonctionnaire ou officier public, toute personne chargée d'un service public ou parastatal, toute personne représentant les intérêts de l'Etat ou d'une société étatique au sein d'une société privée, parastatale ou d'économie mixte en qualité d'administrateur, de gérant, de commissaire aux comptes ou à tout autre titre, tout mandataire ou préposé des personnes énumérées ci-dessus, qui aura détourné des deniers publics ou privés, des effets en tenant lieu, des pièces, titres, actes, effets mobiliers qui étaient entre ses mains, soit en vertu, soit à raison de sa charge, sera puni de un à vingt ans de travaux forcés ».

Paragraphe 2 : De la juridiction compétente

Il importe de relever, au regard de ce qui précède que l'instance ou la juridiction compétente de laquelle devait relever l'auteur présumé ou le coupable de l'infraction de détournement suivant l'esprit de la loi susmentionnée (n°73-017 du 05 janvier 1973), n'avait pas été indiquée malheureusement autant que le mode d'applicabilité de cette peine. Ainsi, il a fallu attendre l'intervention de l'ordonnance-Loi de 1982 pour que la compétence de connaitre et éventuellement appliquer la peine des travaux forcés soit attribuée au Tribunal de grande instance par les dispositions de l'article 91.

A ce jour cependant, cette juridiction s'est vue dépouillée de cette compétence par la loi organique n°13/011-B du 11 avril 2013 portant organisation, fonctionnement et compétences des juridictions de l'ordre judiciaire dont l'article 89 dispose que les tribunaux de grande instance connaissent des infractions punissables de la peine de mort et de celles punissables d'une peine excédant cinq ans de servitude pénale principale. Ils connaissent en premier ressort des infractions commises par les Conseillers urbains, les Bourgmestres, les Chefs de secteur, les Chefs de chefferie et leurs adjoints ainsi que par les Conseillers communaux, les Conseillers de secteur et les Conseillers de chefferie. Sans préjudice des dispositions de l'article 86 de la présente loi organique, ils connaissent également de l'appel des jugements rendus par les tribunaux de paix.

L'économie de la dispositions sus évoquée démontre à suffisance que l'infraction de détournement des deniers publics est désormais une infraction sans juge pouvant la sanctionner par application de la peine y assortie, celle des travaux forcés.

CHAPITRE II.
L'APPLICABILITE DE LA PEINE DES TRAVAUX FORCES ET SON ABROGATION

SECTION I DE L'APPLICABILITE DE LA PEINE DES TRAVAUX FORCES

Comme indiqué ci-haut, la peine des travaux forcés avait pour mérite de compenser les pertes que subissait l'Etat à travers les détournements (Mpoyi, 1975).

En effet, en introduisant en droit pénal la peine des travaux forcés, la loi du 5 janvier 1973 avait visé la répression de l'infraction de détournement des deniers publics afin de permettre à l'Etat de s'assurer par le travail du délinquant, le recouvrement de ce que celui-ci lui a injustement soutiré. Ce qui a poussé le professeur Luzolo de soutenir avec raison que législateur présentait ainsi cette peine des travaux forcés comme une mesure intimidante susceptible de dissuader les détourneurs. (Luzolo, 2011).

Cependant, il faut se rendre compte comme relevé ci-haut qu'au moment où cette peine était adoptée en RDC, elle était dénoncée sous d'autres cieux où elle était considérée comme désuète et inutile (Nyabirungu, 1989).

En effet, dans un siècle où les peines corporelles et infamantes perdaient leur valeur et pendant qu'était fustigée la notion des traitements cruels, inhumains et dégradants, la peine des travaux forcés était de plus en plus perçue comme une mesure d'asservissement qui rappelait à la mémoire les douloureux souvenirs des époques d'esclavagisme (Luzolo).

De la même manière qu'on l'avait vécu en France où L'ambition affichée était alors de constituer des bagnes auto-suffisants, voire producteurs de richesses destinées aux divers services publics coloniaux, comme le rappelait en 1861 le ministre de la Marine et des Colonies dans une lettre adressée au gouverneur de la Guyane : « Donner à l'administration des Pénitenciers, une direction telle que l'emploi de toute force soit fait en vue de rendre productif chacun des établissements, soit qu'ils subviennent par eux-mêmes à une partie des dépenses que le département supporte aujourd'hui, soit qu'ils livrent des produits au commerce, soit qu'ils livrent des matières ou de la main d'œuvre à d'autres services publics, moyennant remboursement de chapitre à chapitre » (Antoine, 2021).

Cependant, il s'est avéré que rien de tel n'avait été le cas en droit congolais. En effet, il a fallu que la loi de la mise en application de la peine des travaux forcés soit votée afin de permettre à ce que cette peine soit exécutée en bonne et due forme, chose qui n'a pas été. Alors l'on peut être tenté de conclure avec le professeur Luzolo que l'inexistence, jusqu'à ce jour, de ces mesures est le signe d'un désintéressement face à une peine qui, de toute évidence, ne rapporte rien de significatif au trésor public étant entendu que bien d'autres mesures peuvent jouer efficacement ce rôle sans avoir à énerver les principes de la civilisation. Il s'agit notamment des amendes et de la confiscation. (Luzolo, 2011). Curieusement, il est étonnant de constater que n'ayant pas été dotée de cette loi de mise en application, la peine des travaux forcés s'est vue, dans la pratique des cours et tribunaux, remplacée par celle de la servitude pénale, (Wane, 2013) alors même que le troisième alinéa de l'article 6 bis du code pénal congolais affirme que l'exécution de la peine de travaux forcés ne peut être assimilée, ni confondue avec la peine de servitude pénale.

SECTION II DE L'ABROGAGTION DE LA PEINE DES TRAVAUX FORCES ET SA CONSEQUENCE

Paragraphe 1 : *Considérations générales et doctrinales sur l'abrogation de la peine des travaux forcés*

Selon les doctrinaires, la question de la peine des travaux forcés soulève des contradictions intrinsèques. En effet, d'après la position qu'ils occupent juste après la peine de mort, les travaux forcés sont dotés, par le législateur, d'une plus grande gravité que la servitude pénale. Nyabirungu, 1989). Du coup, on relève plusieurs incohérences qui font qu'au bout de la réflexion, on la trouve plutôt inutile (Luzolo, 2011). Cet auteur note avec pertinence que parmi les cas relevés, on énumère divers problèmes notamment celui de la commutation des peines. En effet, il sied de relever que les règles consacrées en cas de reconnaissance, par le tribunal, de circonstances atténuantes en faveur du prévenu, admettent que la peine la plus forte cède le pas à la peine immédiatement inférieure. Cela aura comme conséquence que d'après le Code pénal, la peine des travaux forcés, qui est immédiatement inférieure à la peine de mort et la suit en terme de succession, prendra la place de celle-ci en cas de circonstances atténuantes. Ce qui revient à dire qu'à défaut de prononcer la peine capitale jugée trop sévère, le juge condamnera à celle des travaux forcés considérée comme supérieure à celle de servitude pénale suivant le respect de la préséance entre les mêmes dispositions d'un même texte juridique.

Pourtant, les travaux forcés ne peuvent pas aller au-delà de 20 ans tel qu'on peut lire dans les dispositions de l'article 145 alinéa 1er du code pénal livre 2. Il se pose alors, d'après le même auteur, la question de savoir si logiquement, travailler pendant 20 ans est plus grave qu'être enfermé toute la vie si l'on sait qu'en plus de l'emprisonnement, le condamné est astreint à travailler en prison. (Luzolo, 2011). De même, on ne comprend pas dans quelle mesure il faut envisager la commutation en cas des travaux forcés.

Cependant, tirant la conséquence du premier raisonnement, le même auteur affirme qu'on pourrait être tenté de dire que les travaux forcés seront remplacés par la peine de prison, ce qui n'est pas absolument notre position ni celle de l'esprit et la lettre du code pénale car l'article 6 de celui-ci interdit rigoureusement toute analogie entre ces deux peines. Il est alors inadmissible pour quiconque d'accepter le remplacement de 20 ans de travaux forcés par la prison à vie. C'est ça d'ailleurs qui a poussé le professeur Nyabirungu, après avoir trouvé ces questions non résolues par la loi du 5 janvier 1973, à dénoncer l'incohérence à laquelle donne lieu cette loi tout en relevant qu'en pratique, c'est la peine de servitude pénale à perpétuité qui remplace la peine de mort et non celle des travaux forcés, renversant ainsi l'ordre de classement dans la nomenclature des peines prévues à l'article 5 du code pénal congolais livre 1er. Il a été constaté que pour tous les cas dans lesquels la peine capitale était requise, le juge pénal prononce la servitude pénale à perpétuité en lieu et place des travaux forcés venant en ordre utile.

Outre la commutation des peines, un autre problème soulevé par ce cas est celui du concours des peines. En effet, lorsqu'il y a concours matériel ou idéal, la solution consacrée par le droit pénal conduit à l'application des cas de figure suivant : le premier consistant à cumuler les peines prévues pour chaque infraction commise et de prononcer ainsi la somme obtenue. Le second consistant à considérer les infractions commises comme intervenant dans une volonté unique et de prendre en compte chaque peine pour ne retenir que la plus forte expression pénale.

Dans ces deux cas, des questions suivantes méritent d'être posées : il est de droit qu'en cas de cumul des peines, s'il s'avère que les sanctions à prononcer soient de natures différentes, la plus forte d'entre elles absorbera la plus faible, qu'adviendra-t-il si, dans le cadre de ce concours, une peine d'emprisonnement à perpétuité se trouvait en concours matériel avec celle de travaux forcés ? En d'autres termes, quelle solution à apporter si la peine des travaux forcés effectivement prononcée est portée à un an? Doit-on considérer la solution qui voudrait qu'une seule année absorbe la perpétuité comme étant équitable? Suivant le même exemple, faut-il considérer qu'en concours idéal, une année de travaux forcés constitue la peine la plus forte devant l'emporter sur la prison à vie ? Toutes ces questions conduisent à l'inutilité ou à tout le moins l'inopportunité de l'existence de la peine des travaux forcés à ce jour et conduisent à la réflexion sur la nécessité de son abolition.

Paragraphe 1 *Du nouvel ordre institutionnel en République Démocratique du Congo*

Il sied de noter que depuis le début du 21ème siècle, la controverse autour de la peine des travaux forcés a pris une forte ampleur et la tendance est plutôt favorable à son abolition (Luzolo, 2011). Se faisant, le nouvel ordre institutionnel prôné par la Constitution de la RDC du 18 février 2006, a fait que cette peine des travaux forcés ne trouve plus sa place dans l'arsenal juridique congolais.

En effet, l'article 16 al 5 de la constitution du 18 février 2006 telle que modifiée et complétée par la Loi n° 11/002 du 20 janvier 2011 affirme que « Nul ne peut être astreint à un travail forcé ou obligatoire ». Même si contre cette position l'on peut avancer la possibilité de l'insolvabilité du prévenu, il demeure vrai que l'aspect humanitaire que foule au pied l'imposition d'un travail à un être humain est suffisant pour s'armer d'aversion contre une telle peine (Luzolo, 2011). Ce qui a fait que cette peine s'est avérée contraire à la constitution et avait conduit à sa suppression du Code pénal par le projet de loi adopté par l'Assemblée Nationale et envoyé au Président de la République pour promulgation mais qui est resté non publié jusqu'à ce jour.

Cependant, il doit être noté que la non promulgation de cette loi ne constitue nullement un frein au processus de légiférer puisque par l'inaction du Président de la République, la promulgation est de droit de par la volonté du constituant suivant les termes de l'article 140 de la constitution qui dispose que « le Président de la République promulgue la loi dans les quinze jours de sa transmission après l'expiration des délais prévus par les articles 136 et 137 de la constitution. A défaut de promulgation de la loi par le Président de la République dans les délais constitutionnels, la promulgation est de droit ».

Faute de l'avoir envoyée au journal officiel, un des services dépendant de l'institution Président de la République, cette loi portant suppression de la peine des travaux forcés pour devenir opposable à tous afin d'opérer des effets « erga omnes » est demeuré gardée dans les tiroirs.

A la place, et poursuivant la réforme institutionnelle, le législateur congolais produit la loi organique n°13/011-B du 11 avril 2013 portant organisation, fonctionnement et compétences des juridictions de l'ordre judiciaire par laquelle il abroge toutes les dispositions de l'ordonnance loi n°82-020 du 31 mars 1982 portant l'organisation et la compétence judiciaire telle que complétée par l'ordonnance-loi n°83-009 du 29 mars 1983 sauf les termes des articles 146 à 152.

Cette abrogation a emporté la partie du texte de l'article 91 consacrée à la peine des travaux forcés, laquelle est reprise comme suit à l'article 89 alinéa 1er de la nouvelle loi organique « Les tribunaux de grande instance connaissent des infractions punissables de la peine de mort et celle punissable d'une peine excédant cinq ans de servitude pénale principale ».

Dès lors, aucune instance judiciaire n'est compétente ou habilitée à sanctionner l'infraction de détournement de deniers publics partant du tribunal de grande instance en tant qu'instance ordinaire, la Cour d'appel, la Cour de cassation et la Cour constitutionnelle tenant compte des privilèges de juridiction et des poursuites sur pied des articles 89 alinéa 2 et 93 de la loi organique n°13/011-B du 11 avril 2013 portant organisation, fonctionnement et compétences des juridictions de l'ordre judiciaire et 72 de la loi organique n°13/026 du 15 octobre 2013 portant organisation et fonctionnement de la Cour constitutionnelle.

Depuis 10 ans en rapport avec les textes combinés de la loi organique n°13/011-B du 11-04-2013 portant organisation, fonctionnement et compétences des juridictions de l'ordre judiciaire en son article 89 alinéa 2 et de l'article 1er du code pénal congolais livre premier qui consacre la légalité des délits et des peines, la sanction de violation de l'article 145 du CPL II ne trouve plus de fondement légal.

En effet, l'article 1er du Code Pénal Livre 1er édicte Nulle infraction ne peut être punie des peines qui n'étaient pas portées par la loi avant que l'infraction fût commise. Cette disposition consacre le principe « nullum crimen, nulla poena sine lege » dont les conséquences juridiques sont l'interdiction de l'analogie et de la rétroactivité dans l'application des lois pénales (Nyabirungu, 1989). En termes claires, aucun fait culpeux poursuivi ne peut être puni si la sanction n'a été préalablement portée par la loi.

Dans le cas de l'affaire Ministère Public contre les prévenus ILUNGA KALENGA Oly et MBUYI MWASA Ezéchiel examinée par la Cour de cassation sous RP 04/CR du 23/03/2020 ainsi que d'autres poursuites dans le cadre des procès dits des 100 jours sous RP 26.931 opposant le Ministère public et la partie civile République Démocratique du Congo aux prévenus KAMERHE LWAKANYIGINYI Vital, SAMMIH Jamal et MUHIMA NDOHOLE Jeannot, bon nombre des faits culpeux rentre dans le régime de la perpétration de l'infraction de détournement de deniers publics non sanctionnable.

En retirant de la circulation la peine des travaux forcés parmi les sanctions réservées à la violation de la loi pénale, le législateur congolais n'a pas suppléé au vide crée par la loi organique n°13/011-B du 11 avril 2013 portant organisation, fonctionnement et compétences des juridictions de l'ordre judiciaire. Il s'observe alors que plus de dix ans après, la condamnation des faits avérés culpeux en rapport avec le détournement des deniers publics et privés par les travaux forcés ne peut être qu'irrégulière et contraire à la loi du fait de l'inexistence légale de cette sanction.

Il s'ensuit dans le même ordre d'idée que la peine des travaux forcés n'est plus comptée en tant que peine sanctionnant le délit ou l'infraction de détournement des deniers publics de l'arsenal juridique congolais. A ce jour, les seules peines pouvant être applicables en droit congolais sont notamment:

- La mort (un autre sujet de controverse au regard de l'article 16 de la Constitution du 18 février 2006 telle que modifiée à ce jour qui institue la sacralité de la vie humaine) ;
- La servitude pénale;
- L'amende;
- La confiscation spéciale;
- L'obligation de s'éloigner de certains lieux ou d'une certaine région;
- La résidence imposée dans un lieu déterminé;
- La mise à la disposition de la surveillance du gouvernement;
- La contrainte par corps.

Au regard de tout ce qui précède, il y a lieu de se demander en quoi le détournement serait-il une infraction si elle n'est sanctionnée par une peine? En quoi servirait-il de maintenir sans sanction l'infraction de détournement de denier public, une infraction qui tient pourtant à la protection des finances publiques et qui relève de la question existentielle de l'Etat voir de la nation ? En quoi servirait-il d'appliquer une peine si elle ne rentre plus dans l'arsenal juridique des peines et qu'aucune instance judiciaire n'est plus apte à l'appliquer? En quoi servirait-il de condamner le prévenu poursuivi à une peine dont les modalités d'exécution ne sont pas organisées depuis 50 ans?

Paragraphe 2 : ***De la conséquence de l'abrogation de la peine des travaux forcés au regard des personnes poursuivies du chef de détournement***

En réaction à toutes les préoccupations ci-haut développées, il se dégage d'une part qu'en rendant le détournement des deniers publics une infraction sans peine en ce que les travaux forcés dont il était sanctionné ont été extirpés de l'arsenal juridique congolais, le législateur a, de son propre gré assuré l'impunité aux auteurs de cette infraction et d'autre part un arbitraire dans le chef des autorités judiciaires ainsi que dans celui des services pénitentiaires qui assimilent sans fondement légal la peine des travaux forcés à celle des servitudes pénales alors-même que cette pratique est contraire à la loi (Wane, 2013).

a. De l'impunité

Il est sans nul doute vrai qu'en n'organisant pas l'exécution de la peine des travaux forcés depuis 1973, en supprimant les dispositions de l'article 91 de l'Ordonnance-loi portant organisation et compétences judiciaire tout en retirant de la compétence du Tribunal de Grande Instance la connaissance de l'infraction de détournement, le législateur a assuré l'impunité des éventuels coupables de cette infraction qui ne sont dans la plupart de cas autre que les dignitaires et autorités tant administratives que politiques du pays.

Les preuves sont patentes en ce que les personnes contactées dans le cadre de cette étude et qui se trouvent au Centre Pénitentiaire et de Rééducation de Kinshasa (CPRK ou Prison Centrale de Makala), sont en grande majorité les autorités politiques (Ministres, Directeurs des cabinets, Directeurs Généraux…). Ce constat conduit à l'affirmation selon laquelle la culture de l'impunité est un cercle vicieux où les dirigeants qui enfreignent les lois échappent aux sanctions sociales et judiciaires et continuent ainsi délibérément d'enfreindre les lois. Si l'impunité permet aux plus puissants de contourner les lois existantes, elle leur permet également d'exploiter les différents vides juridiques: réglementations incomplètes, prescriptions, immunité souveraine ou ajournement de procès.

b. De l'arbitraire

Par son silence considéré à ce jour comme coupable, le législateur a cautionné l'arbitraire dans le chef des autorités judiciaires (Magistrats du parquet, juges, inspecteurs, Officier de Police Judiciaire…) et des autorités pénitentiaires en ce qu'elles peuvent alors arrêter et condamner les individus à une peine difficilement applicable et les laisser croupir dans les geôles ou arrêter les personnes en les incriminant d'avoir détourné les deniers publics et les conduire en prison sans pour autant se soucier de la conformité de cette prévention à la loi. A ce sujet, Gérard Cornu ajoute à sa définition neutraliste, qu'est « arbitraire » la décision « injuste » ou « qui n'est pas conforme aux exigences de la raison ou d'une morale et souvent dénuée de pertinence. » (Cornu, 2018).

L'Arbitraire serait alors la décision échappant à la fois à un encadrement normatif et aux fondamentaux du bon sens ou au souhait d'agir pour l'intérêt commun. Est arbitraire au fond, la décision qui est irrationnelle, qui ne remplit pas un objectif d'intérêt général et dont, « in fine », le but réel n'est rien d'autre que la satisfaction de la volonté à l'origine de la décision. Par réaction contre « l'arbitraire des juges », cette logique conduisit à soumettre le juge à des textes précis et complets, dont il ne devait qu'assurer l'application littérale et mécanique: « il est de la nature de la constitution que les juges suivent la lettre de la loi » (Montesquieu, 1874).

Ainsi donc, le fait de récupérer le prévenu condamné à la peine des travaux forcés, alors en liberté (cas de Monsieur MUHIMA NDOHOLE Jeannot, dossier 100 jours) ou en résidence surveillée (Dossier Oly ILUNGA), par des procédés contraires à l'article 6 bis alinéa 3 du Code pénal livre 1er qui dispose « l'exécution de la peine des travaux forcés ne peut être assimilée ni confondue avec la peine de servitude pénale principale », constitue de l'arbitraire qui est donc le grand ennemi de toute liberté, le vice corrupteur de toute institution, le germe de mort qu'on ne peut ni modifier, ni mitiger mais qu'il faut détruire (Benjamin, 1796). Cela est d'autant plus vrai car la loi pénale est de stricte interprétation, quand la loi a voulu quelque chose, elle l'a dit; quand elle ne l'a pas voulue, elle s'est tue. Principe de la stricte interprétation de la loi pénal (Sita, 2001).

Il est donc plus qu'urgent de revenir à la légalité normative afin de bannir l'arbitraire. En effet, Benjamin Constant insistait en particulier sur l'importance de la légalité formelle en disant que « Ce qui préserve de l'arbitraire, c'est l'observance des formes. Les formes sont les divinités tutélaires des associations humaines (…). » Ainsi, la légalité borne-t-elle la discrétion, empêchant le décideur de basculer dans un exercice arbitraire du pouvoir (Julien, 2016).

Il est donc impérieux que le législateur congolais mette fin à cet arbitraire en faisant triompher la primauté de la norme sur les humeurs des individus.

Mais pour éviter l'arbitraire, il convient que la loi précise non seulement les conditions d'existence de l'infraction, mais aussi la nature et la mesure de la peine qui s'y attache. Par là même, on est conduit à déterminer la réaction sociale d'après la seule considération du fait délictueux et de sa gravité objective (Bouloc, 2017). Il en résulte que la sanction pénale est en principe la même pour tous ceux qui ont commis le même acte, quels qu'aient été leurs mobiles, et quels que soient leurs antécédents, leur perversité criminelle et le danger qu'ils présentent pour la société. En mettant fin à l'arbitraire dans le cas d'espèce, on aura veillé à la sauvegarde de la liberté individuelle qui est, d'ailleurs, complétée par les règles relatives à la fixation de ces mesures, comme de celles concernant la fixation des peines (Bernard, 2017).

CHAPITRE III: DE LA RESPONSABILITE ETATIQUE ET DU RETOUR A LA LEGALITE

SECTION I DE LA RESPONSABILITE POUR LES PREJUDICES SUBIS PAR LES PERSONNES DETENUES DU CHEF DE TRAVAUX FORCES

Il est question dans la présente section de savoir à qui imputer la responsabilité des préjudices subis par des personnes condamnées du chef des travaux forcés mais détenues arbitrairement pour purger la servitude pénale alors même que cette peine des travaux forcés ne peut en aucun cas ressembler à la servitude pénale.

Paragraphe 1 : *De la responsabilité*

Lorsqu'une personne est victime d'un dommage qui l'atteint dans son intégrité physique, dans ses sentiments ou ses biens, la question qui se pose est celle de savoir si elle devra se résigner à supporter seule ce préjudice dont il n'est pas auteur ou s'il faudra en obtenir réparation d'une autre personne. (Gabriel, M et Pierre, R. (1962). La théorie de la responsabilité civile s'efforce de répondre à cette question tout en déterminant dans quelles conditions une personne, physique ou morale peut être tenue pour responsable du dommage subi par autrui et tenue de réparer ledit dommage.

Comprise dans ce sens, la responsabilité civile devient donc l'obligation de réparer le préjudice résultant soit de l'inexécution d'un contrat (responsabilité contractuelle), soit de la violation du devoir général de ne causer aucun dommage à autrui par son fait personnel, ou du fait des choses dont on a la garde, ou du fait des personnes dont on répond (responsabilité du fait d'autrui). (Lexique des termes juridiques, 2014).

En droit congolais, cette notion ressort des dispositions des articles 258, 259 et 260 du code civil congolais livre III écrites respectivement de la manière suivante : l'article 258 « *tout fait quelconque de l'homme qui cause à autrui un dommage oblige celui par la faute duquel il est arrivé à le réparer* » ;

L'article 259 : « *Chacun est responsable du dommage qu'il a causé, non seulement par son fait, mais encore par sa négligence ou par son imprudence.* »

L'article 260 : « *On est responsable non seulement du dommage que l'on cause par son propre fait, mais encore de celui qui est causé par le fait des personnes dont on doit répondre, ou des choses que l'on a sous sa garde. Le père, et la mère après le décès du mari, sont responsables du dommage causé par leurs enfants, habitant avec eux.*

Les maîtres et les commettants, du dommage causé par leurs domestiques et préposés dans les fonctions auxquelles ils les ont employés. Les instituteurs et les artisans, du dommage causé par leurs élèves et apprentis pendant le temps qu'ils sont sous leur surveillance. La responsabilité ci-dessus a lieu, à moins que les père et mère, instituteurs et artisans ne prouvent qu'ils n'ont pu empêcher le fait qui donne lieu à cette responsabilité ».

Dans le cas d'espèce, il y a lieu de noter que les personnes condamnées à la peine des travaux forcés l'ont été par les juges relevant du pouvoir public, en d'autres termes préposés de l'Etat congolais lesquels ne sont pas cependant nantis du pouvoir d'exécuter les décisions qu'ils rendent car la loi, en l'occurrence les articles 109, 110, 111 et 112 du Décret du 6 août 1959 portant Code de procédure pénale tel qu'actualisé à ce jour disposent respectivement ce qui suit :

L'article *109 « L'exécution est poursuivie par le Ministère public en ce qui concerne la peine de mort, la peine de servitude pénale, les dommages-intérêts prononcés d'office et la contrainte par corps; par la partie civile, en ce qui concerne les condamnations prononcées à sa requête; par le greffier, en ce qui concerne le recouvrement des amendes, des frais et du droit proportionnel. »*

L'Article 110 : « *Si le jugement ne prononce pas l'arrestation immédiate, le Ministère public avertit le condamné à la servitude pénale qu'il aura à se mettre à sa disposition dans la huitaine qui suivra la condamnation devenue irrévocable. Sur la décision du juge ou du président de la juridiction qui a rendu le jugement, ce délai pourra être prolongé. À l'expiration du délai imparti au condamné, le Ministère public le fait appréhender au corps.* »

L'article 111 : « *Même dans le cas où l'arrestation immédiate n'a pas été ordonnée par le juge, le Ministère public peut à tout moment après le prononcé du jugement, faire arrêter le condamné si, à raison de circonstances graves et exceptionnelles, cette mesure est réclamée par la sécurité publique ou s'il existe des présomptions sérieuses que le condamné cherche et qu'il peut parvenir à se soustraire à l'exécution du jugement. Le condamné peut adresser un recours contre son incarcération au juge ou au président de la juridiction qui a rendu le jugement. La décision sur ce recours n'est pas susceptible d'appel.* »

L'article 112 : « *Le Ministère public fait remettre le condamné au gardien de l'établissement où la peine doit être purgée; celui-ci délivre une attestation de la remise.* »

Au regard de toutes ces dispositions, il sied de relever que les juges se limitent à condamner et se dessaisissent du dossier, alors que le ministère public, magistrat du parquet, s'occupent quant à lui de l'exécution de la peine, or dans le cas de la peine des travaux forcés, il se dégage que le législateur n'a pas attribué au ministère publique la compétence de *les exécuter*. Ce silence du législateur laisse persister un vide juridique qui ne peut nullement être comblé par le parquet du moment où celui-ci se trouve en présence des personnes détenues puis condamnées. Cependant il découle de la répartition des compétences que n'ayant pas d'autres dispositions applicables face à ce vide législatif, le ministère public ne peut que rester indifférent vis-à-vis du prévenu condamné à cette peine mais détenu préalablement dans la prison.

Il en est de même des gestionnaires des prisons ou agents pénitentiaires, qui, à leur tour, ne peuvent pas, en l'absence du document provenant du parquet pour autoriser la relaxation du détenu, procéder à celle-ci sans être poursuivis du chef d'évasion des détenus.

Il se dégage alors que ces personnes ne peuvent pas être tenues pour responsables du maintien en détention des personnes condamnées à la peine des travaux forcés tant il est vrai que chacune d'elles ne joue que sa partition dont le Maestro est coordonnateur. Et dans le cas d'espèce, le Maestro n'est autre que l'Etat congolais.

Paragraphe 2 De l'imputabilité de la responsabilité

Il sied de noter que l'imputabilité est largement déterminée par la dimension qualitative de l'autorité. Elle consiste à adopter un point de vue différent selon que l'on entend se placer du côté de l'émetteur de l'autorité ou de son destinataire. Comme on peut bien le constater, en tant qu'exercice d'une contrainte juridiquement organisée, l'autorité devient un critère d'imputabilité dès lors que la possibilité d'exercer une contrainte juridique est nécessairement attribuée à une personne identifiée ou identifiable et par là même à un patrimoine. L'identification d'une manifestation d'autorité permet alors de remonter jusqu'à une personne juridique. Par conséquent l'autorité devient un critère d'imputabilité dès lors qu'elle est émise (Nicolas, 2011). Confrontant cette théorie à l'espèce sous examen, il se dégage que l'Etat est le seul responsable civil du maintien en détention des personnes condamnées à la peine des travaux forcés et de tous les préjudices causés à ces dernières par ses préposés tels que démontré supra. Ainsi, le patrimoine devant être visé en cas d'une action en réparation reste celui de la République Démocratique du Congo.

En effet, comme disposé au dernier alinéa de l'article 260 du code civil congolais livre 3, les maîtres et les commettants sont responsables du dommage causé par leurs domestiques et préposés dans les fonctions auxquelles ils les ont employés. Etant préposés de la République Démocratique du Congo, celle-ci se doit de réparer les préjudices issus de l'arbitraire vécue par les personnes détenues à la suite de la condamnation à la peine des travaux forcés.

Cependant, nous ne partageons pas la théorie selon laquelle l'Etat ne peut être poursuivi sur le fondement de l'alinéa 3a de l'article 260 sus invoqué, pour les actes ou omissions de ses préposés que lorsqu'il y a lieu en l'occurrence, à une action en responsabilité civile délictuelle contre leur auteur ou ses préposés, car il est évident que pour établir la responsabilité objective du fait d'autrui, il faut qu'il y ait un rapport entre le commettant et le proposé. Le commettant étant celui qui donne des ordres aux préposés ainsi, il découle de ceci que, dans un rapport de subordination, tout préjudice que pourrait causer un préposé, dans l'exercice de ses fonctions entraine la responsabilité du commettant. (Masudi, 2009). Ce qui est d'ailleurs le cas dans l'espèce. Il existe ainsi deux types de responsabilité du fait d'autrui. D'un côté la responsabilité subjective du fait d'autrui qui repose sur une présomption de faute commise par le civilement responsable. C'est le cas de la responsabilité des instituteurs sur leurs élèves ou des parents sur leurs enfants, et de l'autre, la responsabilité objective du fait d'autrui qui ne repose pas sur une faute du civilement responsable, il s'agit de la responsabilité des commettants sur leurs préposés.

Sur une théorie générale de la responsabilité, celle-ci reflète une certaine forme de civilisation (Guetier, 1996).

S'agissant de l'administration, on sait que son activité peut être génératrice de préjudices d'autant plus graves qu'elle met en œuvre des moyens puissants. Or, lorsqu'un dommage trouve son origine dans l'activité ou l'inactivité des agents de l'Etat, l'exigence de l'identification d'un responsable est ressentie comme un besoin social, sans oublier que la possibilité pour les administrés, d'obtenir réparation du dommage imputable à l'Etat est aussi important dans l'Etat de droit.

Ainsi, avec l'évolution de la responsabilité civile, nous nous trouvons au stade où l'administration devient responsable des agissements délictuels de ses agents. Ce rapport de responsabilité de l'Etat pour les fautes causées par ses préposés doit être régi par les règles de droit civil. L'exigence des droits de l'homme a permis que la responsabilité de l'Etat qui ne respecte pas ses engagements soit mise en cause.

En conséquence, il faut conclure que l'administration pourrait être déclarée responsable, ce serait selon ses propres règles (René, 1954).

SECTION II DU RETOUR A LA LEGALITE ET DE SA CONSEQUENCE

Paragraphe 1 : Du retour à la légalité

Un Etat ne peut se dire de droit que lorsqu'il existe en son sein le respect de la légalité. Cependant, dans tous les développements faits ci haut, il s'est avéré que tous les intervenants de la chaine judiciaire et pénitentiaire ont donc tourné le dos à la légalité et laissé l'illégalité occuper le siège de la légalité, d'où l'importance de revenir à la légalité.

En effet, pour revenir à la légalité normative, comme il est un principe que les dispositions d'une norme juridique, perçue d'abord comme, un modèle général de conduite impérativement formulé, (Thomas, 2021) ont pour vocation de s'appliquer aux faits et situations pour lesquels elle a été édictée, et ce, dans le respect, non seulement de la hiérarchie des normes juridiques, les normes inférieures doivent impérativement respecter les normes supérieures (Anonyme, 2017), mais également dans le respect de la préséance entre les mêmes dispositions d'un même texte juridique, le Directeur du cabinet du Chef de l'Etat peut, par simple lettre administrative, transmettre au service du Journal Officiel qui relève de la présidence de la République, la loi portant suppression de la peine des travaux forcés aux fins de sa publication pour la rendre opposable à tous, car de droit, elle était déjà promulguée sur pied de l'article 140 de la constitution du 18 février 2006 telle que modifiée à ce jour, mais demeure dans les tiroirs de la Présidence de la République suite aux raisons étrangères au droit et à la justice.

En outre, il s'avère plus qu'urgent pour le législateur de rétablir, comme par le passé, la peine de servitude pénale pour toutes les préventions punies de peine de travaux forcés ainsi que l'attribution de la compétence répressive à une juridiction qui devrait désormais connaitre notamment de la répression de l'infraction prévue à l'article 145 du code pénal congolais livre 2, savoir le détournement des deniers publics.

Paragraphe 2 : De la conséquence du retour à la légalité

La loi pénale étant d'application immédiate en ce qu'elle reçoit, selon le Professeur NYABIRUNGU Mwene SONGA, l'application immédiate de l'exécution des peines et des mesures de sureté, (Nyabirungu, 1989), il y a lieu de relaxer toutes les personnes détenues du chef de la peine de travaux forcés, celle-ci ne pouvant pas être assimilée à la servitude pénale. Dura lex sed lex.

En effet, l'article 17 de la constitution dispose que la liberté individuelle est garantie. Elle est la règle, la détention l'exception. Nul ne peut être poursuivi, arrêté, détenu ou condamné qu'en vertu de la loi et dans les formes qu'elle prescrit.

En parcourant la loi qui prescrit les conditions et formes dans lesquelles les personnes peuvent être arrêtées et détenues, dans le cas d'espèce le code de procédure pénale, il ressort des dispositions de ses articles 27 et 28 que l'inculpé ne peut être mis en état de détention préventive que s'il existe contre lui des indices sérieux de culpabilité et qu'en outre le fait paraisse constituer une infraction que la loi réprime d'une peine de six mois de servitude pénale au moins. Néanmoins, l'inculpé contre qui il existe des indices sérieux de culpabilité peut être mis en état de détention préventive lorsque le fait paraît constituer une infraction que la loi punit d'une peine inférieure à six mois de servitude pénale, mais supérieure à sept jours, s'il y a lieu de craindre la fuite de l'inculpé, ou si son identité est inconnue ou douteuse ou si, eu égard à des circonstances graves et exceptionnelles, la détention préventive est impérieusement réclamée par l'intérêt de la sécurité publique.

Il se dégage de ces dispositions légales que la condition pour détenir quelqu'un en plus de l'existence des indices sérieux de culpabilité, reste justifiée par le fait que les faits par lui commis paraissent constituer une infraction que la loi punit d'une peine de servitude pénale, entendue ici comme une peine de prison. En effet, provenant du latin servitudo, le vocable servitude rime avec l'esclavage, le joug, la vassalité, l'asservissement, la soumission, l'assujettissement, l'abaissement, la subordination, l'avilissement, la soumission complète d'une personne envers une autre (Vocabulaire juridique (1987). Le site internet Wikipédia reporte justement que 'la servitude pénale est aujourd'hui une peine de prison.

Cela étant, ne peut faire l'objet d'incarcération ou de la détention, qu'une personne poursuivie d'avoir commis une infraction punissable de peine de prison. Dans le cas d'espèce cependant, la peine des travaux forcés n'étant pas l'emprisonnement et que l'article 6 du code pénal interdit son assimilation à celle de servitude pénale, l'emprisonnement des personnes condamnées à la peine des travaux forcés est arbitraire et leur relaxation immédiate doit être de mise afin de conformer les pratiques pénitentiaires à la norme suprême qui est donc la constitution de la République, car cette norme juridique est une règle, « un schéma d'interprétation du fait social », une référence à laquelle on doit se conformer, celle qui donne un sens à nos actes de conduite (Thomas, 2021). Y déroger ne peut être que le maintien de l'arbitraire car les règles de Droit susceptibles d'assurer le plein épanouissement aux générations présentes et futures ont pour vocation de garantir notamment la jouissance de certains droits liés à la nature humaine dont l'intégrité physique (Kabengela, 2025), le droit à la vie et à la liberté.

CONCLUSION

En terme de conclusion, il importe de noter que pour éviter la cacophonie au tour de la répression de l'infraction de détournement des deniers publics et l'applicabilité de la peine y afférente, une démarche à trois volets s'est dessinée dans le cadre de la présente étude : la transmission par le Directeur du cabinet du Chef de l'Etat, d'une simple lettre administrative au service du Journal Officiel qui relève de la présidence de la République aux fins de la publication de la loi portant suppression de la peine des travaux forcés et rétablissement de la peine de servitude pénale en lieu et place de celle des travaux forcés pour la rendre opposable à tous car ayant été déjà promulguée de droit par le dépassement des délais constitutionnellement prévus ; ainsi que l'attribution par le législateur de la compétence répressive à une juridiction qui devrait désormais connaitre de la répression de l'infraction prévue à l'article 145 du code pénal congolais livre 2.

En le faisant, on aura évité l'impunité et l'arbitraire et on aura respecté la constitution et les lois de la République qui prônent la légalité des délits et peines ainsi que la sacralité de la vie et tous les droits et libertés inhérents à la personne humaine, outre la préservation du trésor public et de la propriété privée.

Cependant, si la procédure indiquée ci-haut s'avérait impossible à la suite du changement de régime et des animateurs intervenu à la présidence de la République, il y a lieu comme l'a si bien épinglé le Professeur Luzolo Bambi de débarrasser cette peine de ses pesanteurs conceptuelles et politiques, de façon à la rendre serviable pour le droit pénal congolais.

En effet, il faudra penser à attribuer à cette peine une nouvelle orientation qui préserve la dignité humaine et l'idéal de la resocialisation ainsi que de la réinsertion du délinquant en tenant compte de l'évolution actuelle de notre société. On pourrait ainsi, à titre illustratif, envisager la consécration, en droit pénal ordinaire, du travail d'intérêt général entendu comme une peine pouvant se substituer aux travaux forcés et même à l'emprisonnement à titre de sanction principale lorsque le juge estime opportun de prononcer une telle mesure en se référant au consentement éclairé du condamné qui doit effectuer ce travail pendant un temps bien défini et entouré de toutes les garanties sécuritaires et hygiéniques nécessaires, ou le faire exécuter avec ses propres moyens par les personnes engagés dans tels métiers par le pouvoir public et sous le contrôle de celui-ci.

Cette mesure, notons-le, existe déjà dans notre droit à travers la loi portant protection de l'enfant, question juste de la formaliser en l'adaptant aux circonstance et ce, conformément à l'évolution de la situation sociale du pays.

ANNEXES

Annexe I

La Constitution du 18 février 2006 telle que modifiée par la Loi n° 11/002 du 20 janvier 2011 portant révision de certains articles de la Constitution de la République Démocratique du Congo

Exposé des motifs

Le Sénat a proposé ;

L'assemblée Nationale a adopté ;

Le peuple congolais, lors du référendum organisé du 18 au 19 décembre 2005 a approuvé ;

Le Président de la République promulgue la constitution dont la teneur suit :

Préambule

Nous, Peuple congolais,

Uni par le destin et par l'histoire autour de nobles idéaux de liberté, de fraternité, de solidarité, de justice, de paix et de travail ;

Animé par notre volonté commune de bâtir, au cœur de l'Afrique, un Etat de droit et une Nation puissante et prospère, fondée sur une véritable démocratie politique, économique, sociale et culturelle ;

Considérant que l'injustice avec ses corollaires, l'impunité, le népotisme, le régionalisme, le tribalisme, le clanisme et le clientélisme, par leurs multiples vicissitudes, sont à l'origine de l'inversion générale des valeurs et de la ruine du pays;

Affirmant notre détermination à sauvegarder et à consolider l'indépendance et l'unité nationales dans le respect de nos diversités et de nos particularités positives ;

Réaffirmant notre adhésion et notre attachement à la Déclaration Universelle des Droits de l'Homme, à la Charte Africaine des Droits de l'Homme et des Peuples, aux Conventions des Nations Unies sur les Droits de l'Enfant et sur les Droits de la Femme, particulièrement à l'objectif de la parité de représentation homme-femme au sein des institutions du pays ainsi qu'aux instruments internationaux relatifs à la protection et à la promotion des droits humains ;

Mû par la volonté de voir tous les Etats Africains s'unir et travailler de concert en vue de promouvoir et de consolider l'unité africaine à travers les organisations continentales, régionales ou sous-régionales pour offrir de meilleurs perspectives de développement et de progrès socio-économique aux Peuples d'Afrique ;

Attaché à la promotion d'une coopération internationale mutuellement avantageuse et au rapprochement des peuples du monde, dans le respect de leurs identités respectives et des principes de la souveraineté et de l'intégrité territoriale de chaque Etat ;

Réaffirmant notre doit inaliénable et imprescriptible de nos organiser librement et de développer notre vie politique, économique, sociale et culturelle, selon notre génie propre;

Conscients de nos responsabilités devant Dieu, la Nation, l'Afrique et le Monde ;

Déclarons solennellement adopter la présente Constitution.

Titre premier : Des dispositions générales

Chapitre 1er : De l'Etat et de la Souveraineté

Section 1ère : De l'Etat

Article 1er : La République Démocratique du Congo est, dans ses frontières du 30 juin 1960, un Etat de droit, indépendant, souverain, uni et indivisible, social, démocratique et laïc. Son emblème est le drapeau bleu ciel, orné d'une étoile jaune dans le coin supérieur gauche et traversé en biais d'une bande rouge finement encadrée de jaune.

Sa devise est « Justice - Paix - Travail ».

Ses armoiries se composent d'une tête de léopard encadrée à gauche et, à droite, d'une pointe d'ivoire et d'une lance, le tout reposant sur une pierre.

Son hymne est le « Debout Congolais !» Sa monnaie est « le Franc congolais ».

Sa langue officielle est le français.

Ses langues nationales sont le kikongo, le lingala, le swahili et le tshiluba. L'Etat en assure la promotion sans discrimination.

Les autres langues du pays font partie du patrimoine culturel congolais dont l'Etat assure la protection.

Article 2 : La République Démocratique du Congo est composée de la ville de Kinshasa et de 25 provinces dotées de la personnalité juridique.

Ces provinces sont : Bas-Uele, Equateur, Haut-Lomami, Haut-Katanga, Haut Uele, Ituri, Kasaï, Kasaï Oriental, Kongo Central, Kwango, Kwilu, Lomami, Lualaba, Kasaï Central, Mai-Ndombe, Maniema, Mongala, Nord-Kivu, Nord Ubangi, Sankuru, Sud-Kivu, Sud-Ubangi, Tanganyika, Tshopo, Tshuapa.

Kinshasa est la capitale du pays et le siège des institutions nationales. Elle a le statut de Province. La capitale ne peut être transférée dans un autre lieu du pays que par voie de référendum.

La répartition des compétences entre l'Etat et les provinces s'effectue conformément aux dispositions du Titre III de la présente Constitution.

Les limites des provinces et celles de la ville de Kinshasa sont fixées par une loi organique.

Article 3 : Les provinces et les entités territoriales décentralisées de la République Démocratique du Congo sont dotées de la personnalité juridique et sont gérées par les organes locaux.

Ces entités territoriales décentralisées sont la ville, la commune, le secteur et la chefferie.

Elles jouissent de la libre administration et de l'autonomie de gestion de leurs ressources économiques, humaines, financières et techniques.

La composition, l'organisation, le fonctionnement de ces entités territoriales décentralisées ainsi que leurs rapports avec l'Etat et les provinces sont fixés par une loi organique.

Article 4 : De nouvelles provinces et entités territoriales peuvent être créées par démembrement ou par regroupement dans les conditions fixées par la Constitution et par la loi.

Section 2 : De la Souveraineté

Article 5 : La souveraineté nationale appartient au peuple. Tout pouvoir émane du peuple qui l'exerce directement par voie de référendum ou d'élections et indirectement par ses représentants.

Aucune fraction du peuple ni aucun individu ne peut s'en attribuer l'exercice.

La loi fixe les conditions d'organisation des élections et du référendum.

Le suffrage est universel, égal et secret. Il est direct ou indirect.

Sans préjudice des dispositions des articles 72, 102 et 106 de la présente Constitution, sont électeurs et éligibles, dans les conditions déterminées par la loi, tous les Congolais de deux sexes, âgés de dix-huit ans révolus et jouissant de leurs droits civils et politiques.

Article 6 : Le pluralisme politique est reconnu en République Démocratique du Congo.

Tout Congolais jouissant de ses droits civils et politiques a le droit de créer un parti politique ou de s'affilier à un parti de son choix.

Les partis politiques concourent à l'expression du suffrage, au renforcement de la conscience nationale et à l'éducation civique. Ils se forment et exercent librement leurs activités dans le respect de la loi, de l'ordre public et des bonnes mœurs.

Les partis politiques sont tenus au respect des principes de démocratie pluraliste, d'unité et de souveraineté nationales.

Les partis politiques peuvent recevoir de l'Etat des fonds publics destinés à financer leurs campagnes électorales ou leurs activités, dans les conditions définies par la loi.

Article 7 : Nul ne peut instituer, sous quelque forme que ce soit, de parti unique sur tout ou partie du territoire national.

L'institution d'un parti unique constitue une infraction imprescriptible de haute trahison punie par la loi.

Article 8 : L'opposition politique est reconnue en République Démocratique du Congo. Les droits liés à son existence, à ses activités et à sa lutte pour la conquête démocratique du pouvoir sont sacrés. Ils ne peuvent subir de limites que celles imposées à tous les partis et activités politiques par la présente Constitution et la loi.

Une loi organique détermine le statut de l'opposition politique.

Article 9 : L'Etat exerce une souveraineté permanente notamment sur le sol, le sous-sol, les eaux et les forêts, sur les espaces aérien, fluvial, lacustre et maritime congolais ainsi que sur la mer territoriale congolaise et sur le plateau continental.

Les modalités de gestion et de concession du domaine de l'Etat visé à l'alinéa précédent sont déterminées par la loi.

Chapitre 2 : De la Nationalité

Article 10 : La nationalité congolaise est une et exclusive. Elle ne peut être détenue concurremment avec aucune autre.

La nationalité congolaise est soit d'origine, soit d'acquisition individuelle.

Est Congolais d'origine, toute personne appartenant aux groupes ethniques dont les personnes et le territoire constituaient ce qui est devenu le Congo (présentement la République Démocratique du Congo) à l'indépendance.

Une loi organique détermine les conditions de reconnaissance, d'acquisition, de perte et de recouvrement de la nationalité congolaise.

Titre II : Des droits humains, des libertés fondamentales et des devoirs du citoyen et de l'Etat

Chapitre 1er : Des Droits civils et politiques

Article 11 : Tous les êtres humains naissent libres et égaux en dignité et en droits. Toutefois, la jouissance des droits politiques est reconnue aux seuls Congolais, sauf exceptions établies par la loi.

Article 12 : Tous les Congolais sont égaux devant la loi et ont droit à une égale protection des lois.

Article 13 : Aucun Congolais ne peut, en matière d'éducation et d'accès aux fonctions publiques ni en aucune autre matière, faire l'objet d'une mesure discriminatoire, qu'elle résulte de la loi ou d'un acte de l'exécutif, en raison de sa religion, de son origine familiale, de sa condition sociale, de sa résidence, de ses opinions ou de ses convictions politiques, de son appartenance à une race, à une ethnie, à une tribu, à une minorité culturelle ou linguistique.

Article 14 : Les pouvoirs publics veillent à l'élimination de toute forme de discrimination à l'égard de la femme et assurent la protection et la promotion de ses droits.

Ils prennent, dans tous les domaines, notamment dans les domaines civil, politique, économique, social et culturel, toutes les mesures appropriées pour assurer le total épanouissement et la pleine participation de la femme au développement de la nation.

Ils prennent des mesures pour lutter contre toute forme de violences faites à la femme dans la vie publique et dans la vie privée.

La femme a droit à une représentation équitable au sein des institutions nationales, provinciales et locales.

L'Etat garantit la mise en œuvre de la parité homme-femme dans lesdites institutions.

La loi fixe les modalités d'application de ces droits.

Article 15 : Les pouvoirs publics veillent à l'élimination des violences sexuelles.

Sans préjudice des traités et accords internationaux, toute violence sexuelle faite sur toute personne, dans l'intention de déstabiliser, de disloquer une famille et de faire disparaître tout un peuple est érigée en crime contre l'humanité puni par la loi.

Article 16 : La personne humaine est sacrée. L'Etat a l'obligation de la respecter et de la protéger.

Toute personne a droit à la vie, à l'intégrité physique ainsi qu'au libre développement de sa personnalité dans le respect de la loi, de l'ordre public, du droit d'autrui et des bonnes mœurs.

Nul ne peut être tenu en esclavage ni dans une condition analogue.

Nul ne peut être soumis à un traitement cruel, inhumain ou dégradant.

Nul ne peut être astreint à un travail forcé ou obligatoire.

Article 17 : La liberté individuelle est garantie. Elle est la règle, la détention l'exception.

Nul ne peut être poursuivi, arrêté, détenu ou condamné qu'en vertu de la loi et dans les formes qu'elle prescrit.

Nul ne peut être poursuivi pour une action ou une omission qui ne constitue pas une infraction au moment où elle est commise et au moment des poursuites.

Nul ne peut être condamné pour une action ou une omission qui ne constitue pas une infraction à la fois au moment où elle est commise et au moment de la condamnation.

Il ne peut être infligé de peine plus forte que celle applicable au moment où l'infraction est commise.

La peine cesse d'être exécutée lorsqu'en vertu d'une loi postérieure au jugement :

1. elle est supprimée ;

2. le fait pour lequel elle était prononcée, n'a plus le caractère infractionnel.

En cas de réduction de la peine en vertu d'une loi postérieure au jugement, la peine est exécutée conformément à la nouvelle loi.

La responsabilité pénale est individuelle. Nul ne peut être poursuivi, arrêté, détenu ou condamné pour fait d'autrui.

Toute personne accusée d'une infraction est présumée innocente jusqu'à ce que sa culpabilité ait été établie par un jugement définitif.

Article 18 : Toute personne arrêtée doit être immédiatement informée des motifs de son arrestation et de toute accusation portée contre elle, et ce, dans la langue qu'elle comprend.

Elle doit être immédiatement informée de ses droits.

La personne gardée à vue a le droit d'entrer immédiatement en contact avec sa famille ou avec son conseil.

La garde à vue ne peut excéder quarante-huit heures. A l'expiration de ce délai, la personne gardée à vue doit être relâchée ou mise à la disposition de l'autorité judiciaire compétente.

Tout détenu doit bénéficier d'un traitement qui préserve sa vie, sa santé physique et mentale ainsi que sa dignité.

Article 19 : Nul ne peut être ni soustrait ni distrait contre son gré du juge que la loi lui assigne.

Toute personne a droit à ce que sa cause soit entendue dans un délai raisonnable par le juge compétent.

Le droit de la défense est organisé et garanti.

Toute personne a le droit de se défendre elle-même ou de se faire assister d'un défenseur de son choix et ce, à tous les niveaux de la procédure pénale, y compris l'enquête policière et l'instruction préjuridictionnelle.

Elle peut se faire assister également devant les services de sécurité.

Article 20 : Les audiences des cours et tribunaux sont publiques, à moins que cette publicité ne soit jugée dangereuse pour l'ordre public ou les bonnes mœurs. Dans ce cas, le tribunal ordonne le huis clos.

Article 21 : Tout jugement est écrit et motivé. Il est prononcé en audience publique.

Le droit de former un recours contre un jugement est garanti à tous. Il est exercé dans les conditions fixées par la loi.

Article 22 : Toute personne a droit à la liberté de pensée, de conscience et de religion.

Toute personne a le droit de manifester sa religion ou ses convictions, seule ou en groupe tant en public qu'en privé, par le culte, l'enseignement, les pratiques, l'accomplissement des rites et l'état de vie religieuse, sous réserve du respect de la loi, de l'ordre public, des bonnes mœurs et des droits d'autrui.

La loi fixe les modalités d'exercice de ces libertés.

Article 23 : Toute personne a droit à la liberté d'expression.

Ce droit implique la liberté d'exprimer ses opinions ou ses convictions, notamment par la parole, l'écrit et l'image, sous réserve du respect de la loi, de l'ordre public et des bonnes mœurs.

Article 24 : Toute personne a droit à l'information.

La liberté de la presse, la liberté d'information et d'émission par la radio et la télévision, la presse écrite ou tout autre moyen de communication sont garanties sous réserve du respect de l'ordre public, des bonnes mœurs et des droits d'autrui.

La loi fixe les modalités d'exercice de ces libertés.

Les médias audiovisuels et écrits d'Etat sont des services publics dont l'accès est garanti de manière équitable à tous les courants politiques et sociaux. Le statut des médias d'Etat est établi par la loi qui garantit l'objectivité, l'impartialité et le pluralisme d'opinions dans le traitement et la diffusion de l'information.

Article 25 : La liberté des réunions pacifiques et sans armes est garantie sous réserve du respect de la loi, de l'ordre public et des bonnes mœurs.

Article 26 : La liberté de manifestation est garantie.

Toute manifestation sur les voies publiques ou en plein air, impose aux organisateurs d'informer par écrit l'autorité administrative compétente.

Nul ne peut être contraint à prendre part à une manifestation.

La loi en fixe les mesures d'application.

Article 27 : Tout Congolais a le droit d'adresser individuellement ou collectivement une pétition à l'autorité publique qui y répond dans les trois mois.

Nul ne peut faire l'objet d'incrimination sous quelque forme que ce soit pour avoir pris pareille initiative.

Article 28 : Nul n'est tenu d'exécuter un ordre manifestement illégal. Tout individu, tout agent de l'Etat est délié du devoir d'obéissance, lorsque l'ordre reçu constitue une atteinte manifeste au respect des droits de l'homme et des libertés publiques et des bonnes mœurs.

La preuve de l'illégalité manifeste de l'ordre incombe à la personne qui refuse de l'exécuter.

Article 29 : Le domicile est inviolable. Il ne peut y être effectué de visite ou de perquisition que dans les formes et les conditions prévues par la loi.

Article 30 : Toute personne qui se trouve sur le territoire national a le droit d'y circuler librement, d'y fixer sa résidence, de le quitter et d'y revenir, dans les conditions fixées par la loi.

Aucun Congolais ne peut être ni expulsé du territoire de la République, ni être contraint à l'exil, ni être forcé à habiter hors de sa résidence habituelle.

Article 31 : Toute personne a droit au respect de sa vie privée et au secret de la correspondance, de la télécommunication ou de toute autre forme de communication. Il ne peut être porté atteinte à ce droit que dans les cas prévus par la loi.

Article 32 : Tout étranger qui se trouve légalement sur le territoire national jouit de la protection accordée aux personnes et à leurs biens dans les conditions déterminées par les traités et les lois.

Il est tenu de se conformer aux lois et aux règlements de la République.

Article 33 : Le droit d'asile est reconnu.

La République Démocratique du Congo accorde, sous réserve de la sécurité nationale, l'asile sur son territoire aux ressortissants étrangers poursuivis ou persécutés en raison notamment de leur opinion, leur croyance, leur appartenance raciale, tribale, ethnique, linguistique ou de leur action en faveur de la démocratie et de la défense des Droits de l'Homme et des Peuples, conformément aux lois et règlements en vigueur.

Il est interdit à toute personne jouissant régulièrement du droit d'asile d'entreprendre toute activité subversive contre son pays d'origine ou contre tout autre pays, à partir du territoire de la République Démocratique du Congo.

Les réfugiés ne peuvent ni être remis à l'autorité de l'Etat dans lequel ils sont persécutés ni être refoulés sur le territoire de celui-ci.

En aucun cas, nul ne peut être acheminé vers le territoire d'un Etat dans lequel il risque la torture, des peines ou des traitements cruels, dégradants et inhumains.

La loi fixe les modalités d'exercice de ce droit.

Chapitre 2 : Des droits économiques, sociaux et culturels.

Article 34 : La propriété privée est sacrée.

L'Etat garantit le droit à la propriété individuelle ou collective acquis conformément à la loi ou à la coutume.

Il encourage et veille à la sécurité des investissements privés, nationaux et étrangers.

Nul ne peut être privé de sa propriété que pour cause d'utilité publique et moyennant une juste et préalable indemnité octroyée dans les conditions fixées par la loi.

Nul ne peut être saisi en ses biens qu'en vertu d'une décision prise par une autorité judiciaire compétente.

Article 35 : L'Etat garantit le droit à l'initiative privée tant aux nationaux qu'aux étrangers.

Il encourage l'exercice du petit commerce, de l'art et de l'artisanat par les Congolais et veille à la protection et à la promotion de l'expertise et des compétences nationales.

La loi fixe les modalités d'exercice de ce droit.

Article 36 : Le travail est un droit et un devoir sacrés pour chaque Congolais.

L'Etat garantit le droit au travail, la protection contre le chômage et une rémunération équitable et satisfaisante assurant au travailleur ainsi qu'à sa famille une existence conforme à la dignité humaine, complétée par tous les autres moyens de protection sociale notamment la pension de retraite et la rente viagère.

Nul ne peut être lésé dans son travail en raison de ses origines, de son sexe, de ses opinions, de ses croyances ou de ses conditions socio-économiques.

Tout Congolais a le droit et le devoir de contribuer par son travail à la construction et à la prospérité nationales.

La loi établit le statut des travailleurs et réglemente les particularités propres au régime juridique des ordres professionnels et l'exercice des professions exigeant une qualification scolaire ou académique.

Les structures internes et le fonctionnement des ordres professionnels doivent être démocratiques.

Article 37 : L'Etat garantit la liberté d'association.

Les pouvoirs publics collaborent avec les associations qui contribuent au développement social, économique, intellectuel, moral et spirituel des populations et à l'éducation des citoyennes et des citoyens.

Cette collaboration peut revêtir la forme d'une subvention.

La loi fixe les modalités d'exercice de cette liberté.

Article 38 : La liberté syndicale est reconnue et garantie.

Tous les Congolais ont le droit de fonder des syndicats ou de s'y affilier librement dans les conditions fixées par la loi.

Article 39 : Le droit de grève est reconnu et garanti.

Il s'exerce dans les conditions fixées par la loi qui peut en interdire ou en limiter l'exercice dans les domaines de la défense nationale et de la sécurité ou pour toute activité ou tout service public d'intérêt vital pour la nation.

Article 40 : Tout individu a le droit de se marier avec la personne de son choix, de sexe opposé, et de fonder une famille.

La famille, cellule de base de la communauté humaine, est organisée de manière à assurer son unité, sa stabilité et sa protection. Elle est placée sous la protection des pouvoirs publics.

Les soins et l'éducation à donner aux enfants constituent, pour les parents, un droit naturel et un devoir qu'ils exercent sous la surveillance et avec l'aide des pouvoirs publics.

Les enfants ont le devoir d'assister leurs parents.

La loi fixe les règles sur le mariage et l'organisation de la famille.

Article 41 : L'enfant mineur est toute personne, sans distinction de sexe, qui n'a pas encore atteint 18 ans révolus.

Tout enfant mineur a le droit de connaître les noms de son père et de sa mère.

Il a également le droit de jouir de la protection de sa famille, de la société et des pouvoirs publics.

L'abandon et la maltraitance des enfants notamment la pédophilie, les abus sexuels ainsi que l'accusation de sorcellerie sont prohibés et punis par la loi.

Les parents ont le devoir de prendre soin de leurs enfants et d'assurer leur protection contre tout acte de violence tant à l'intérieur qu'à l'extérieur du foyer.

Les pouvoirs publics ont l'obligation d'assurer une protection aux enfants en situation difficile et de déférer devant la justice les auteurs et les complices des actes de violence à l'égard des enfants.

Toutes les autres formes d'exploitation d'enfants mineurs sont punies par la loi.

Article 42 : Les pouvoirs publics ont l'obligation de protéger la jeunesse contre toute atteinte à sa santé, à son éducation et à son développement intégral.

Article 43 : Toute personne a droit à l'éducation scolaire. Il y est pourvu par l'enseignement national. L'enseignement national comprend les établissements publics et les établissements privés agréés.

La loi fixe les conditions de création et de fonctionnement de ces établissements.

Les parents ont le droit de choisir le mode d'éducation à donner à leurs enfants.

L'enseignement primaire est obligatoire et gratuit dans les établissements publics.

Article 44 : L'éradication de l'analphabétisme est un devoir national pour la réalisation duquel le Gouvernement doit élaborer un programme spécifique.

Article 45 : L'enseignement est libre.

Il est toutefois soumis à la surveillance des pouvoirs publics, dans les conditions fixées par la loi.

Toute personne a accès aux établissements d'enseignement national, sans discrimination de lieu d'origine, de race, de religion, de sexe, d'opinions politiques ou philosophiques, de son état physique, mental ou sensoriel, selon ses capacités.

Les établissements d'enseignement national peuvent assurer, en collaboration avec les autorités religieuses, à leurs élèves mineurs dont les parents le demandent, une éducation conforme à leurs convictions religieuses.

Les pouvoirs publics ont le devoir de promouvoir et d'assurer, par l'enseignement, l'éducation et la diffusion, le respect des droits de l'homme, des libertés fondamentales et des devoirs du citoyen énoncés dans la présente Constitution.

Les pouvoirs publics ont le devoir d'assurer la diffusion et l'enseignement de la Constitution, de la Déclaration universelle des droits de l'homme, de la Charte africaine des droits de l'homme et des peuples, ainsi que de toutes les conventions régionales et internationales relatives aux droits de l'homme et au droit international humanitaire dûment ratifiées.

L'Etat a l'obligation d'intégrer les droits de la personne humaine dans tous les programmes de formation des forces armées, de la police et des services de sécurité.

La loi détermine les conditions d'application du présent article.

Article 46 : Le droit à la culture, la liberté de création intellectuelle et artistique, et celle de la recherche scientifique et technologique sont garantis sous réserve du respect de la loi, de l'ordre public et des bonnes mœurs.

Les droits d'auteur et de propriété intellectuelle sont garantis et protégés par la loi.

L'Etat tient compte, dans l'accomplissement de ses tâches, de la diversité culturelle du pays.

Il protège le patrimoine culturel national et en assure la promotion.

Article 47 : Le droit à la santé et à la sécurité alimentaire est garanti.

La loi fixe les principes fondamentaux et les règles d'organisation de la santé publique et de la sécurité alimentaire.

Article 48 : Le droit à un logement décent, le droit d'accès à l'eau potable et à l'énergie électrique sont garantis. La loi fixe les modalités d'exercice de ces droits.

Article 49 : La personne du troisième âge et la personne avec handicap ont droit à des mesures spécifiques de protection en rapport avec leurs besoins physiques, intellectuels et moraux.

L'Etat a le devoir de promouvoir la présence de la personne avec handicap au sein des institutions nationales, provinciales et locales.

Une loi organique fixe les modalités d'application de ce droit.

Chapitre 3 : Des droits collectifs

Article 50 : L'Etat protège les droits et les intérêts légitimes des Congolais qui se trouvent tant à l'intérieur qu'à l'extérieur du pays.

Sous réserve de la réciprocité, tout étranger qui se trouve légalement sur le territoire national bénéficie des mêmes droits et libertés que le Congolais, excepté les droits politiques.

Il bénéficie de la protection accordée aux personnes et à leurs biens dans les conditions déterminées par les traités et les lois.

Il est tenu de se conformer aux lois et règlements de la République.

Article 51 : L'Etat a le devoir d'assurer et de promouvoir la coexistence pacifique et harmonieuse de tous les groupes ethniques du pays.

Il assure également la protection et la promotion des groupes vulnérables et de toutes les minorités.

Il veille à leur épanouissement.

Article 52 : Tous les Congolais ont droit à la paix et à la sécurité tant sur le plan national qu'international.

Aucun individu ou groupe d'individus ne peut utiliser une portion du territoire national comme base de départ d'activités subversives ou terroristes contre l'Etat congolais ou tout autre Etat.

Article 53 : Toute personne a droit à un environnement sain et propice à son épanouissement intégral.

Elle a le devoir de le défendre.

L'Etat veille à la protection de l'environnement et à la santé des populations.

Article 54 : Les conditions de construction d'usines, de stockage, de manipulation, d'incinération et d'évacuation des déchets toxiques, polluants ou radioactifs provenant des unités industrielles ou artisanales installées sur le territoire national sont fixées par la loi.

Toute pollution ou destruction résultant d'une activité économique donne lieu à compensation et/ou à réparation.

La loi détermine la nature des mesures compensatoires, réparatoires ainsi que les modalités de leur exécution.

Article 55 : Le transit, l'importation, le stockage, l'enfouissement, le déversement dans les eaux continentales et les espaces maritimes sous juridiction nationale, l'épandage dans l'espace aérien des déchets toxiques, polluants, radioactifs ou de tout autre produit dangereux, en provenance ou non de l'étranger, constitue un crime puni par la loi.

Article 56 : Tout acte, tout accord, toute convention, tout arrangement ou tout autre fait, qui a pour conséquence de priver la nation, les personnes physiques ou morales de tout ou partie de leurs propres moyens d'existence tirés de leurs ressources ou de leurs richesses naturelles, sans préjudice des dispositions internationales sur les crimes économiques, est érigé en infraction de pillage punie par la loi.

Article 57 : Les actes visés à l'article précédent ainsi que leur tentative, quelles qu'en soient les modalités, s'ils sont le fait d'une personne investie d'autorité publique, sont punis comme infraction de haute trahison.

Article 58 : Tous les Congolais ont le droit de jouir des richesses nationales.

L'Etat a le devoir de les redistribuer équitablement et de garantir le droit au développement.

Article 59 : Tous les Congolais ont le droit de jouir du patrimoine commun de l'humanité. L'Etat a le devoir d'en faciliter la jouissance.

Article 60 : Le respect des droits de l'homme et des libertés fondamentales consacrés dans la Constitution s'impose aux pouvoirs publics et à toute personne.

Article 61 : En aucun cas, et même lorsque l'état de siège ou l'état d'urgence aura été proclamé conformément aux articles 85 et 86 de la présente Constitution, il ne peut être dérogé aux droits et principes fondamentaux énumérés ci-après :

1. le droit à la vie ;

2. l'interdiction de la torture et des peines ou traitements cruels, inhumains ou dégradants ;

3. l'interdiction de l'esclavage et de la servitude ;

4. le principe de la légalité des infractions et des peines ;

5. les droits de la défense et le droit de recours ;

6. l'interdiction de l'emprisonnement pour dettes ;

7. la liberté de pensée, de conscience et de religion.

Chapitre 4 : Des devoirs du citoyen

Article 62 : Nul n'est censé ignorer la loi.

Toute personne est tenue de respecter la Constitution et de se conformer aux lois de la République.

Article 63 : Tout Congolais a le droit et le devoir sacré de défendre le pays et son intégrité territoriale face à une menace ou à une agression extérieure.

Un service militaire obligatoire peut être instauré dans les conditions fixées par la loi.

Toute autorité nationale, provinciale, locale et coutumière a le devoir de sauvegarder l'unité de la République et l'intégrité de son territoire, sous peine de haute trahison.

Article 64 : Tout Congolais a le devoir de faire échec à tout individu ou groupe d'individus qui prend le pouvoir par la force ou qui l'exerce en violation des dispositions de la présente Constitution.

Toute tentative de renversement du régime constitutionnel constitue une infraction imprescriptible contre la nation et l'Etat. Elle est punie conformément à la loi.

Article 65 : Tout Congolais est tenu de remplir loyalement ses obligations vis-à-vis de l'Etat.

Il a en outre le devoir de s'acquitter de ses impôts et taxes.

Article 66 : Tout Congolais a le devoir de respecter et de traiter ses concitoyens sans discrimination aucune et d'entretenir avec eux des relations qui permettent de sauvegarder, de promouvoir et de renforcer l'unité nationale, le respect et la tolérance réciproques.

Il a, en outre, le devoir de préserver et de renforcer la solidarité nationale, singulièrement lorsque celle-ci est menacée.

Article 67 : Tout Congolais a le devoir de protéger la propriété, les biens et intérêts publics et de respecter la propriété d'autrui.

Titre III. : De l'organisation et de l'exercice du pouvoir.

Chapitre Ier : Des institutions de la République.

Article 68 : Les institutions de la République sont :

1. le Président de la République ;

2. le Parlement ;

3. le Gouvernement ;

4. les Cours et Tribunaux.

Section 1ère : Du pouvoir exécutif

Paragraphe Ier : Du Président de la République.

Article 69 : Le Président de la République est le Chef de l'Etat. Il représente la nation et il est le symbole de l'unité nationale.

Il veille au respect de la Constitution.

Il assure, par son arbitrage, le fonctionnement régulier des pouvoirs publics et des Institutions ainsi que la continuité de l'Etat. Il est le garant de l'indépendance nationale, de l'intégrité du territoire, de la souveraineté nationale et du respect des traités et accords internationaux.

Article 70 : Le Président de la République est élu au suffrage universel direct pour un mandat de cinq ans renouvelable une seule fois.

A la fin de son mandat, le Président de la République reste en fonction jusqu'à l'installation effective du nouveau Président élu.

Article 71 : Le Président de la République est élu à la majorité simple des suffrages exprimés.

Article 72 : Nul ne peut être candidat à l'élection du Président de la République s'il ne remplit les conditions ci-après :

1. posséder la nationalité congolaise d'origine ;

2. être âgé de 30 ans au moins ;

3. jouir de la plénitude de ses droits civils et politiques ;

4. ne pas se trouver dans un des cas d'exclusion prévus par la loi électorale.

Article 73 : Le scrutin pour l'élection du Président de la République est convoqué par la Commission électorale nationale indépendante, quatre-vingt-dix jours avant l'expiration du mandat du président en exercice.

Article 74 : Le Président de la République élu entre en fonction dans les dix jours qui suivent la proclamation des résultats définitifs de l'élection présidentielle.

Avant son entrée en fonction, le Président de la République prête, devant la Cour Constitutionnelle, le serment ci-après :

« Moi.... élu Président de la République Démocratique du Congo, je jure solennellement devant Dieu et la nation:

- d'observer et de défendre la Constitution et les lois de la République ;

- de maintenir son indépendance et l'intégrité de son territoire ;

- de sauvegarder l'unité nationale ;

- de ne me laisser guider que par l'intérêt général et le respect des droits de la personne humaine ;

- de consacrer toutes mes forces à la promotion du bien commun et de la paix ;

- de remplir loyalement et en fidèle serviteur du peuple les hautes fonctions qui me sont confiées. ».

Article 75 : En cas de vacance pour cause de décès, de démission ou pour toute autre cause d'empêchement définitif, les fonctions de Président de la République, à l'exception de celles mentionnées aux articles 78, 81 et 82 sont provisoirement exercées par le Président du Sénat.

Article 76 : La vacance de la présidence de la République est déclarée par la Cour constitutionnelle saisie par le Gouvernement.

Le Président de la République par intérim veille à l'organisation de l'élection du nouveau Président de la République dans les conditions et les délais prévus par la Constitution.

En cas de vacance ou lorsque l'empêchement est déclaré définitif par la Cour constitutionnelle, l'élection du nouveau Président de la République a lieu sur convocation de la Commission électorale nationale indépendante, soixante jours au moins et quatre-vingt-dix jours au plus, après l'ouverture de la vacance ou de la déclaration du caractère définitif de l'empêchement.

En cas de force majeure, ce délai peut être prolongé à cent vingt jours au plus par la Cour constitutionnelle saisie par la Commission électorale nationale indépendante.

Le Président élu commence un nouveau mandat.

Article 77 : Le Président de la République adresse des messages à la Nation.

Il communique avec les Chambres du Parlement par des messages qu'il lit ou fait lire et qui ne donnent lieu à aucun débat.

Il prononce, une fois l'an, devant l'Assemblée nationale et le Sénat réunis en Congrès, un discours sur l'état de la Nation.

Article 78 : Le Président de la République nomme le Premier ministre au sein de la majorité parlementaire après consultation de celle-ci. Il met fin à ses fonctions sur présentation par celui-ci de la démission du gouvernement.

Si une telle majorité n'existe pas, le Président de la République confie une mission d'information à une personnalité en vue d'identifier une coalition.

La mission d'information est de trente jours renouvelable une seule fois.

Le Président de la République nomme les autres membres du gouvernement et met fin à leurs fonctions sur proposition du Premier ministre.

Article 79 : Le Président de la République convoque et préside le Conseil des ministres. En cas d'empêchement, il délègue ce pouvoir au Premier ministre.

Le Président de la République promulgue les lois dans les conditions prévues par la présente Constitution.

Il statue par voie d'ordonnance.

Les ordonnances du Président de la République autres que celles prévues aux articles 78 alinéa premier 80, 84 et 143 sont contresignées par le Premier ministre.

Article 80 : Le Président de la République investit par ordonnance les Gouverneurs et les Vice-Gouverneurs de province élus, dans un délai de quinze jours conformément à l'article 198.

Article 81 : Sans préjudice des autres dispositions de la Constitution, le Président de la République nomme, relève de leurs fonctions et, le cas échéant, révoque, sur proposition du Gouvernement délibérée en Conseil des ministres :

1. les ambassadeurs et les envoyés extraordinaires ;

2. les officiers généraux et supérieurs des forces armées et de la police nationale, le Conseil supérieur de la défense entendu ;

3. le chef d'état-major général, les chefs d'état-major et les commandants des grandes unités des forces armées, le Conseil supérieur de la défense entendu ;

4. les hauts fonctionnaires de l'administration publique ;

5. les responsables des services et établissements publics ;

6. les mandataires de l'Etat dans les entreprises et organismes publics, excepté les commissaires aux comptes.

Les ordonnances du Président de la République intervenues en la matière sont contresignées par le Premier Ministre.

Article 82 : Le Président de la République nomme, relève de leurs fonctions et, le cas échéant, révoque, par ordonnance, les magistrats du siège et du parquet sur proposition du Conseil supérieur de la magistrature.

Les ordonnances dont question à l'alinéa précédent sont contresignées par le Premier Ministre.

Article 83 : Le Président de la République est le commandant suprême des Forces armées.

Il préside le Conseil supérieur de la défense.

Article 84 : Le Président de la République confère les grades dans les ordres nationaux et les décorations, conformément à la loi.

Article 85 Lorsque des circonstances graves menacent d'une manière immédiate l'indépendance ou l'intégrité du territoire national ou qu'elles provoquent l'interruption du fonctionnement régulier des institutions, le Président de la République proclame l'état d'urgence ou l'état de siège après concertation avec le Premier ministre et les Présidents des deux Chambres conformément aux articles 144 et 145 de la présente Constitution.

Il en informe la nation par un message. Les modalités d'application de l'état d'urgence et de l'état de siège sont déterminées par la loi.

Article 86 : Le Président de la République déclare la guerre par ordonnance délibérée en Conseil des ministres après avis du Conseil supérieur de la défense et autorisation de l'Assemblée nationale et du Sénat conformément à l'article 143 de la présente Constitution.

Article 87 : Le Président de la République exerce le droit de grâce.

Il peut remettre, commuer ou réduire les peines.

Article 88 : Le Président de la République accrédite les ambassadeurs et les envoyés extraordinaires auprès des Etats étrangers et des organisations internationales.

Les ambassadeurs et les envoyés extraordinaires étrangers sont accrédités auprès de lui.

Article 89 : Les émoluments et la liste civile du Président de la République sont fixés par la loi de finances.

Paragraphe 2 : Du Gouvernement

Article 90 : Le Gouvernement est composé du Premier ministre, de ministres, de Vice ministres et, le cas échéant, de Vice-premier ministres, de ministres d'Etat et de ministres délégués.

Il est dirigé par le Premier ministre, chef du Gouvernement. En cas d'empêchement, son intérim est assuré par le membre du Gouvernement qui a la préséance.

La composition du Gouvernement tient compte de la représentativité nationale.

Avant d'entrer en fonction, le Premier ministre présente à l'Assemblée nationale le programme du Gouvernement.

Lorsque ce programme est approuvé, à la majorité absolue des membres qui composent l'Assemblée nationale, celle-ci investit le Gouvernement.

Article 91 : Le Gouvernement définit, en concertation avec le Président de la République, la politique de la Nation et en assume la responsabilité.

Le Gouvernement conduit la politique de la Nation.

La défense, la sécurité et les affaires étrangères sont des domaines de collaboration entre le Président de la République et le Gouvernement.

Le Gouvernement dispose de l'administration publique, des Forces armées, de la Police nationale et des services de sécurité.

Le Gouvernement est responsable devant l'Assemblée nationale dans les conditions prévues aux articles 90, 100, 146 et 147.

Une ordonnance délibérée en Conseil des ministres fixe l'organisation, le fonctionnement du Gouvernement et les modalités de collaboration entre le Président de la République et le Gouvernement ainsi qu'entre les membres du Gouvernement.

Article 92 : Le Premier ministre assure l'exécution des lois et dispose du pouvoir réglementaire sous réserve des prérogatives dévolues au Président de la République par la présente Constitution.

Il statue par voie de décret.

Il nomme, par décret délibéré en Conseil des ministres, aux emplois civils et militaires autres que ceux pourvus par le Président de la République.

Les actes du Premier ministre sont contresignés, le cas échéant, par les ministres chargés de leur exécution.

Le Premier ministre peut déléguer certains de ses pouvoirs aux ministres.

Article 93 : Le ministre est responsable de son département. Il applique le programme gouvernemental dans son ministère, sous la direction et la coordination du Premier ministre.

Il statue par voie d'arrêté.

Article 94 : Les Vice-ministres exercent sous l'autorité des ministres auxquels ils sont adjoints les attributions qui leur sont conférées par l'ordonnance portant organisation et fonctionnement du Gouvernement. Ils assument l'intérim des ministres en cas d'absence ou d'empêchement.

Article 95 : Les émoluments des membres du gouvernement sont fixés par la loi de finances.

Le Premier ministre bénéficie, en outre, d'une dotation.

Paragraphe 3 : Des dispositions communes au Président de la République et au Gouvernement.

Article 96 : Les fonctions de Président de la République sont incompatibles avec l'exercice de tout autre mandat électif, de tout emploi public, civil ou militaire et de toute activité professionnelle.

Le mandat du Président de la République est également incompatible avec toute responsabilité au sein d'un parti politique.

Article 97 : Les fonctions de membre du Gouvernement sont incompatibles avec l'exercice de tout mandat électif, de tout emploi public, civil ou militaire et de toute activité professionnelle à l'exception des activités agricoles, artisanales, culturelles, d'enseignement et de recherche.

Elles sont également incompatibles avec toute responsabilité au sein d'un parti politique.

Article 98 : Durant leurs fonctions, le Président de la République et les membres du Gouvernement ne peuvent, par eux-mêmes ou par personne interposée, ni acheter, ni acquérir d'aucune autre façon, ni prendre en bail un bien qui appartienne au domaine de l'Etat, des provinces ou des entités décentralisées.

Ils ne peuvent prendre part directement ou indirectement aux marchés publics au bénéfice des administrations ou des institutions dans lesquelles le pouvoir central, les provinces et les entités administratives décentralisées ont des intérêts.

Article 99 : Avant leur entrée en fonction et à l'expiration de celle-ci, le Président de la République et les membres du Gouvernement sont tenus de déposer devant la Cour constitutionnelle, la déclaration écrite de leur patrimoine familial, énumérant leurs biens meubles, y compris actions, parts sociales, obligations, autres valeurs, comptes en banque, leurs biens immeubles, y compris terrains non bâtis, forêts, plantations et terres agricoles, mines et tous autres immeubles, avec indication des titres pertinents.

Le patrimoine familial inclut les biens du conjoint selon le régime matrimonial, des enfants mineurs et des enfants, mêmes majeurs, à charge du couple.

La Cour constitutionnelle communique cette déclaration à l'administration fiscale.

Faute de cette déclaration, endéans les trente jours, la personne concernée est réputée démissionnaire.

Dans les trente jours suivant la fin des fonctions, faute de cette déclaration, en cas de déclaration frauduleuse ou de soupçon d'enrichissement sans cause, la Cour constitutionnelle ou la Cour de cassation est saisie selon le cas.

Section 2 : Du pouvoir législatif

Article 100 : Le pouvoir législatif est exercé par un Parlement composé de deux Chambres : l'Assemblée nationale et le Sénat.

Sans préjudice des autres dispositions de la présente Constitution, le Parlement vote les lois. Il contrôle le Gouvernement, les entreprises publiques ainsi que les établissements et les services publics.

Chacune des Chambres jouit de l'autonomie administrative et financière et dispose d'une dotation propre.

Paragraphe 1er : De l'Assemblée nationale

Article 101 : Les membres de l'Assemblée nationale portent le titre de député national. Ils sont élus au suffrage universel direct et secret.

Les candidats aux élections législatives sont présentés par des partis politiques ou par des regroupements politiques. Ils peuvent aussi se présenter en indépendants.

Chaque député national est élu avec deux suppléants.

Le député national représente la nation.

Tout mandat impératif est nul.

Le nombre de députés nationaux ainsi que les conditions de leur élection et éligibilité sont fixés par la loi électorale.

Article 102 : Nul ne peut être candidat aux élections législatives s'il ne remplit les conditions ci-après :

1. être Congolais ;

2. être âgé de 25 ans au moins ;

3. jouir de la plénitude de ses droits civils et politiques ;

4. ne pas se trouver dans un des cas d'exclusion prévus par la loi électorale.

Article 103 : Le député national est élu pour un mandat de cinq ans. Il est rééligible.

Le mandat de député national commence à la validation des pouvoirs par l'Assemblée nationale et expire à l'installation de la nouvelle Assemblée.

Paragraphe 2 : Du Sénat

Article 104 : Les membres du Sénat portent le titre de sénateur.

Le sénateur représente sa province, mais son mandat est national.

Tout mandat impératif est nul.

Les candidats sénateurs sont présentés par des partis politiques ou par des regroupements politiques. Ils peuvent aussi se présenter en indépendant.

Ils sont élus au second degré par les Assemblées provinciales.

Chaque sénateur est élu avec deux suppléants.

Les anciens présidents de la République élus sont de droit sénateurs à vie.

Le nombre des sénateurs ainsi que les conditions de leur élection et éligibilité sont fixés par la loi électorale.

Article 105 : Le Sénateur est élu pour un mandat de cinq ans. Il est rééligible.

Le mandat de Sénateur commence à la validation des pouvoirs par le Sénat et expire à l'installation du nouveau Sénat.

Article 106 : Nul ne peut être candidat membre du sénat s'il ne remplit les conditions ci-après :

1. être Congolais ;

2. être âgé de 30 ans au moins ;

3. jouir de la plénitude de ses droits civils et politiques ;

4. ne pas se trouver dans un des cas d'exclusion prévus par la loi électorale.

Paragraphe 3 : Des immunités et des incompatibilités

Article 107 : Aucun parlementaire ne peut être poursuivi, recherché, arrêté, détenu ou jugé en raison des opinions ou votes émis par lui dans l'exercice de ses fonctions.

Aucun parlementaire ne peut, en cours de sessions, être poursuivi ou arrêté, sauf en cas de flagrant délit, qu'avec l'autorisation de l'Assemblée nationale ou du Sénat selon le cas.

En dehors de sessions, aucun parlementaire ne peut être arrêté qu'avec l'autorisation du Bureau de l'Assemblée nationale ou du Bureau du Sénat, sauf en cas de flagrant délit, de poursuites autorisées ou de condamnation définitive.

La détention ou la poursuite d'un parlementaire est suspendue si la Chambre dont il est membre le requiert. La suspension ne peut excéder la durée de la session en cours.

Article 108 : Le mandat de député national est incompatible avec le mandat de sénateur et vice-versa.

Le mandat de député ou de sénateur est incompatible avec les fonctions ou mandats suivants :

1. membre du Gouvernement ;

2. membre d'une institution d'appui à la démocratie ;

3. membre des Forces armées, de la police nationale et des services de sécurité ;

4. magistrat ;

5. agent de carrière des services publics de l'Etat ;

6. cadre politico-administratif de la territoriale, à l'exception des chefs de collectivité-chefferie et de groupement ;

7. mandataire public actif ;

8. membre des cabinets du Président de la République, du Premier ministre, du Président de l'Assemblée nationale, du Président du Sénat, des membres du gouvernement, et généralement d'une autorité politique ou administrative de l'Etat, employé dans une entreprise publique ou dans une société d'économie mixte ;

9. tout autre mandat électif.

Le mandat de député national ou de sénateur est incompatible avec l'exercice des fonctions rémunérées conférées par un Etat étranger ou un organisme international.

Paragraphe 4 : Des droits des députés nationaux ou des sénateurs

Article 109 : Les députés nationaux et les sénateurs ont le droit de circuler sans restriction ni entrave à l'intérieur du territoire national et d'en sortir.

Ils ont droit à une indemnité équitable qui assure leur indépendance et leur dignité. Celle-ci est prévue dans la loi des finances.

Ils ont droit à une indemnité de sortie égale à six mois de leurs émoluments.

Les modalités d'application de l'alinéa précédent ainsi que les autres droits des Parlementaires sont fixés par le Règlement intérieur de chacune des Chambres.

Paragraphe 5 : De la fin et de la suspension du mandat de député national ou de sénateur

Article 110 : Le mandat de député national ou de sénateur prend fin par :

1. expiration de la législature ;

2. décès ;

3. démission ;

4. empêchement définitif ;

5. incapacité permanente ;

6. absence non justifiée et non autorisée à plus d'un quart des séances d'une session;

7. exclusion prévue par la loi électorale ;

8. condamnation irrévocable à une peine de servitude pénale principale pour infraction intentionnelle

9. acceptation d'une fonction incompatible avec le mandat de député ou de sénateur.

Toutefois, lorsqu'un député national ou un sénateur est nommé à une fonction politique incompatible avec l'exercice de son mandat parlementaire, celui-ci est suspendu.

Il reprend de plein droit son mandat parlementaire après la cessation de cette fonction politique incompatible.

Toute cause d'inéligibilité, à la date des élections, constatée ultérieurement par l'autorité judiciaire compétente entraîne la perte du mandat de député national ou de sénateur.

Dans ces cas, il est remplacé par son premier suppléant

Dans les cas énumérés ci-dessus, le député national ou le sénateur est remplacé par le premier suppléant, ou à défaut, par le second suppléant. En cas de carence de suppléant, une élection partielle est organisée dans la circonscription électorale concernée.

Le député national, le sénateur ou le suppléant qui quitte délibérément son parti politique durant la législature est réputé avoir renoncé à son mandat parlementaire ou à la suppléance obtenus dans le cadre dudit parti politique.

Paragraphe 6 : Du fonctionnement de l'Assemblée nationale et du Sénat

Article 111 : L'Assemblée nationale et le Sénat sont dirigés chacun par un Bureau de sept membres comprenant :

1. un Président ;

2. un Premier Vice-président ;

3. un Deuxième Vice-président ;

4. un Rapporteur ;

5. un Rapporteur Adjoint ;

6. un Questeur ;

7. un Questeur Adjoint.

Les Présidents des deux Chambres doivent être des Congolais d'origine. Les membres du Bureau sont élus dans les conditions fixées par le Règlement intérieur de leur respective.

Article 112 : Chaque Chambre du Parlement adopte son Règlement intérieur.

Le Règlement intérieur détermine notamment :

1. la durée et les règles de fonctionnement du Bureau, les pouvoirs et prérogatives de son Président ainsi que des autres membres du Bureau ;

2. le nombre, le mode de désignation, la composition, le rôle et la compétence de ses commissions permanentes ainsi que la création et le fonctionnement des commissions spéciales et temporaires;

3. l'organisation des services administratifs dirigés par un Secrétaire Général de l'administration publique de chaque Chambre;

4. le régime disciplinaire des députés et des sénateurs ;

5. les différents modes de scrutin, à l'exclusion de ceux prévus expressément par la présente Constitution.

Avant d'être mis en application, le Règlement intérieur est obligatoirement transmis par le Président du Bureau provisoire de la Chambre intéressée à la Cour constitutionnelle qui se prononce sur sa conformité à la Constitution dans un délai de quinze jours. Passé ce délai, le Règlement intérieur est réputé conforme.

Les dispositions déclarées non conformes ne peuvent être mises en application.

Article 113 : Outre les Commissions permanentes et spéciales, les deux Chambres peuvent constituer une ou plusieurs Commissions mixtes paritaires pour concilier les points de vue lorsqu'elles sont en désaccord au sujet d'une question sur laquelle elles doivent adopter la même décision en termes identiques.

Si le désaccord persiste, l'Assemblée nationale statue définitivement.

Article 114 : Chaque Chambre du Parlement se réunit de plein droit en session extraordinaire le quinzième jour suivant la proclamation des résultats des élections législatives par la Commission électorale nationale indépendante en vue de :

1. l'installation du Bureau provisoire dirigé par le doyen d'âge assisté des deux les moins âgés ;

2. la validation des pouvoirs ;

3. l'élection et l'installation du Bureau définitif ;

4. l'élaboration et l'adoption du Règlement intérieur.

La séance d'ouverture est présidée par le Secrétaire général de l'Administration de chacune des deux Chambres.

Pendant cette session, les deux Chambre se réunissent pour élaborer et adopter le Règlement intérieur du Congrès.

La session extraordinaire prend fin à l'épuisement de l'ordre du jour.

Article 115 : L'Assemblée nationale et le Sénat tiennent de plein droit, chaque année, deux sessions ordinaires:

1. la première s'ouvre le 15 mars et se clôture le 15 juin;

2. la deuxième s'ouvre le 15 septembre et se clôture le 15 décembre.

Si le 15 du mois de mars ou du mois de septembre est férié ou tombe un dimanche, l'ouverture de la session a lieu le premier jour ouvrable qui suit.

La durée de chaque session ordinaire ne peut excéder trois mois.

Article 116 : Chaque Chambre du Parlement peut être convoquée en session extraordinaire par son Président sur un ordre du jour déterminé, à la demande soit de son Bureau, soit de la moitié de ses membres, soit du Président de la République, soit du Gouvernement.

La clôture intervient dès que la Chambre a épuisé l'ordre du jour pour lequel elle a été convoquée et, au plus tard, trente jours à compter de la date du début de la session.

Article 117 : L'inscription, par priorité, à l'ordre du jour de chacune des Chambres d'un projet de loi, d'une proposition de loi ou d'une déclaration de politique générale est de droit si le Gouvernement, après délibération en Conseil des ministres, en fait la demande.

Article 118 : L'Assemblée nationale et le Sénat ne siègent valablement qu'à la majorité absolue des membres qui les composent.

Les séances de l'Assemblée nationale et du Sénat sont publiques, sauf si le huis clos est prononcé.

Le compte rendu analytique des débats ainsi que les documents de l'Assemblée nationale et du Sénat sont publiés dans les annales parlementaires.

Article 119 : Les deux Chambres se réunissent en congrès pour les cas suivants :

1. la procédure de révision constitutionnelle conformément aux articles 218 à 220 de la présente Constitution ;

2. l'autorisation de la proclamation de l'état d'urgence ou de l'état de siège et de la déclaration de guerre conformément aux articles 85 et 86 de la présente Constitution ;

3. l'audition du discours du Président de la République sur l'état de la Nation conformément à l'article 77 de la présente Constitution ;

4. la désignation des trois membres de la Cour constitutionnelle, conformément aux dispositions de l'article 158 de la présente Constitution.

Article 120 : Lorsque les deux Chambres siègent en Congrès, le bureau est celui de l'Assemblée nationale et la présidence est à tour de rôle assurée par le Président de l'Assemblée nationale et le Président du Sénat. Le Congrès adopte son Règlement intérieur.

Avant d'être mis en application, le Règlement intérieur est communiqué par le Président du Congrès à la Cour constitutionnelle qui se prononce sur la conformité de ce règlement à la présente Constitution dans un délai de 15 jours.

Passé ce délai, le Règlement intérieur est réputé conforme.

Les dispositions déclarées non conformes ne peuvent être mises en application.

Article 121 : Chacune des Chambres ou le Congrès ne siège valablement que pour autant que la majorité absolue de ses membres se trouve réunie. Sous réserve des autres dispositions de la Constitution, toute résolution ou toute décision est prise conformément au Règlement intérieur de chacune des Chambres ou du Congrès.

Les votes sont émis soit, par appel nominal et à haute voix, soit à main levée, soit par assis et levé, soit par bulletin secret soit par procédé électronique. Sur l'ensemble d'un texte de loi, le vote intervient par appel nominal et à haute voix.

Les votes peuvent également être émis par un procédé technique donnant plus de garanties.

Sous réserve des autres dispositions de la Constitution, chacune des Chambres ou le Congrès peut décider le secret du vote pour l'adoption d'une résolution déterminée.

Toutefois, en cas des délibérations portant sur des personnes, le vote s'effectue par bulletin secret.

Section 3 : Des rapports entre le pouvoir exécutif et le pouvoir législatif.

Article 122 : Sans préjudice des autres dispositions de la présente Constitution, la loi fixe les règles concernant:

1. les droits civiques et les garanties fondamentales accordées aux citoyens pour l'exercice des libertés publiques;

2. le régime électoral ;

3. les finances publiques ;

4. les sujétions imposées par la défense nationale aux citoyens en leur personne et en leurs biens ;

5. la nationalité, l'état et la capacité des personnes, les régimes matrimoniaux, les successions et les libéralités ;

6. la détermination des infractions et des peines qui leur sont applicables, la procédure pénale, l'organisation et le fonctionnement du pouvoir judiciaire, la création de nouveaux ordres de juridictions, le statut des magistrats, le régime juridique du Conseil supérieur de la magistrature ;

7. l'organisation du Barreau, l'assistance judiciaire et la représentation en justice ;

8. le commerce, le régime de la propriété des droits et des obligations civiles et commerciales ;

9. l'amnistie et l'extradition ;

10. l'assiette, le taux et les modalités de recouvrement des impositions de toute nature, le régime d'émission de la monnaie ;

11. les emprunts et engagements financiers de l'Etat ;

12. les statuts des agents de carrière des services publics de l'Etat, du personnel de l'enseignement supérieur, universitaire et de la recherche scientifique ;

13. les Forces armées, la Police et les services de sécurité ;

14. le droit du travail et de la sécurité sociale ;

15. l'organisation générale de la défense et de la Police nationale, le mode de recrutement des membres des Forces armées et de la Police nationale, l'avancement, les droits et obligations des militaires et des personnels de police.

Article 123 : Sans préjudice des autres dispositions de la présente Constitution, la loi détermine les principes fondamentaux concernant :

1. la libre administration des provinces et des entités territoriales décentralisées, de leurs compétences et de leurs ressources ;

2. la création des entreprises, établissements et organismes publics ;

3. le régime foncier, minier, forestier et immobilier ;

4. la mutualité et l'épargne ;

5. l'enseignement et la santé ;

6. le régime pénitentiaire ;

7. le pluralisme politique et syndical ;

8. le droit de grève ;

9. l'organisation des médias ;

10. la recherche scientifique et technologique;

11. la coopérative ;

12. la culture et les arts ;

13. les sports et les loisirs ;

14. l'agriculture, l'élevage, la pêche et l'aquaculture ;

15. la protection de l'environnement et le tourisme ;

16. la protection des groupes vulnérables.

Article 124 : Les lois auxquelles la Constitution confère le caractère de loi organique, sont votées et modifiées à la majorité absolue des membres composant chaque Chambre dans les conditions suivantes :

1. la proposition de loi n'est soumise à la délibération et au vote de la première Chambre saisie qu'à l'expiration d'un délai de quinze jours après son dépôt au Gouvernement ;

2. la procédure de l'article 132 est applicable. Toutefois, faute d'accord entre les deux Chambres, le texte ne peut être adopté par l'Assemblée nationale en dernière lecture qu'à la majorité absolue de ses membres ;

3. les lois organiques ne peuvent être promulguées qu'après déclaration par la Cour constitutionnelle obligatoirement saisie par le Président de la Journal Officiel – Constitution de la République Démocratique du Congo 43 République, de leur conformité à la Constitution dans un délai de quinze jours.

Article 125 : Si un projet ou une proposition de loi est déclaré urgent par le Gouvernement, il est examiné par priorité dans chaque Chambre par la commission compétente suivant la procédure prévue par le Règlement intérieur de chacune d'elles.

La procédure normale est appliquée aux propositions ou aux projets de loi portant amendement de la Constitution ou modifiant les lois organiques ainsi qu'aux projets de loi d'habilitation prévue à l'article 129.

Article 126 : Les Lois de finances déterminent les ressources et les charges de l'Etat.

L'Assemblée nationale et le Sénat votent les projets de lois de finances dans les conditions prévues pour la loi organique visée à l'article 124 de la Constitution.

Le projet de loi de finances de l'année, qui comprend notamment le budget, est déposé par le Gouvernement au Bureau de l'Assemblée Nationale au plus tard le quinze septembre de chaque année.

Les créations et transformations d'emplois publics ne peuvent être opérées hors les prévisions des lois de finances.

Si le projet de loi de finances, déposé dans les délais constitutionnels, n'est pas voté avant l'ouverture du nouvel exercice, il est mis en vigueur par le Président de la République, sur proposition du Gouvernement délibérée en Conseil des ministres, compte tenu des amendements votés par chacune des deux Chambres.

Si le projet de loi de finances n'a pas été déposé en temps utile pour être promulgué avant le début de l'exercice, le Gouvernement demande à l'Assemblée Nationale et au Sénat l'ouverture de crédits provisoires.

Si, quinze jours avant la fin de la session budgétaire, le Gouvernement n'a pas déposé son projet de budget, il est réputé démissionnaire.

Dans le cas où l'Assemblée Nationale et le Sénat ne se prononcent pas dans les quinze jours sur l'ouverture de crédits provisoires, les dispositions du projet prévoyant ces crédits sont mises en vigueur par le Président de la République sur proposition du Gouvernement délibérée en Conseil des ministres.

Si, compte tenu de la procédure ci-dessus prévue, la loi de finances de l'année n'a pu être mise en vigueur au premier jour du mois de février de l'exercice budgétaire, le Président de la République, sur proposition du Gouvernement délibérée en Conseil des ministres, met en exécution le projet de loi de finances, compte tenu des amendements votés par chacune des deux Chambres.

Si le projet de loi de finances voté en temps utile par la Parlement et transmis pour promulgation avant l'ouverture du nouvel exercice budgétaire fait l'objet d'un renvoi au Parlement par le Président de la République, le Gouvernement demande à l'Assemblée Nationale et au Sénat l'ouverture des crédits provisoires.

Article 127 : Les amendements au projet de loi de finances ne sont pas recevables lorsque leur adoption a pour conséquence, soit une diminution des recettes, soit un accroissement des dépenses, à moins qu'ils ne soient assortis de propositions compensatoires.

Article 128 : Les matières autres que celles qui sont du domaine de la loi ont un caractère réglementaire.

Les textes à caractère de loi intervenus en ces matières peuvent être modifiés par décret si la Cour constitutionnelle, à la demande du Gouvernement, a déclaré qu'ils ont un caractère réglementaire en vertu de l'alinéa précédent.

Article 129 : Le Gouvernement peut, pour l'exécution urgente de son programme d'action, demander à l'Assemblée nationale ou au Sénat l'autorisation de prendre par ordonnances-loi pendant un délai limité et sur des matières déterminées, des mesures qui sont normalement du domaine de la loi.

Ces ordonnances-lois sont délibérées en Conseil des ministres. Elles entrent en vigueur dès leur publication et deviennent caduques si le projet de loi de ratification n'est pas déposé devant le Parlement au plus tard à la date limite fixée par la loi d'habilitation.

A l'expiration du délai visé à l'alinéa premier du présent article, si le Parlement ne ratifie pas ces ordonnances-lois, celles-ci cessent de plein droit de produire leurs effets.

Les ordonnances-lois délibérées en Conseil des ministres et ratifiées ne peuvent être modifiées dans leurs dispositions que par la loi.

Les ordonnances-lois cessent de plein droit de produire leurs effets en cas de rejet du projet de loi de ratification.

Article 130 : L'initiative des lois appartient concurremment au Gouvernement, à chaque député et à chaque sénateur.

Les projets de loi adoptés par le Gouvernement en Conseil des ministres sont déposés sur le Bureau de l'une des Chambres. Toutefois, s'agissant de la loi de finances, le projet est impérativement déposé dans les délais prévus à l'article 126 sur le Bureau de l'Assemblée nationale.

Les propositions de loi sont, avant délibération et adoption, notifiées pour information au Gouvernement qui adresse, dans les quinze jours suivant leur transmission, ses observations éventuelles au Bureau de l'une ou l'autre Chambre. Passé ce délai, ces propositions de loi sont mises en délibération.

Article 131 : Les membres du Gouvernement ont accès aux travaux de l'Assemblée nationale et du Sénat ainsi qu'à ceux de leurs commissions.

S'ils en sont requis, les membres du Gouvernement ont l'obligation d'assister aux séances de l'Assemblée nationale et à celles du Sénat, d'y prendre la parole et de fournir aux parlementaires toutes les explications qui leur sont demandées sur leurs activités.

Article 132 : La discussion des projets de loi porte, devant la première Chambre saisie, sur le texte déposé par le Gouvernement. Une Chambre saisie d'un texte déjà voté par l'autre Chambre ne délibère que sur le texte qui lui est transmis.

Article 133 : Les membres du Gouvernement ont le droit de proposer des amendements aux textes en discussion mais ne participent pas au vote.

Article 134 : Les propositions de loi et les amendements formulés par les membres de l'Assemblée nationale ou du Sénat ne sont pas recevables lorsque leur adoption aurait pour conséquence soit une diminution des ressources publiques, soit la création ou l'aggravation d'une charge publique, à moins qu'ils ne soient assortis de propositions dégageant les recettes ou les économies correspondantes.

Article 135 : Tout projet ou toute proposition de loi est examiné successivement par les deux Chambres en vue de l'adoption d'un texte identique.

Lorsque, par suite d'un désaccord entre les deux Chambres, un projet ou une proposition de loi n'a pu être adopté après une lecture par chaque Chambre, une commission mixte paritaire chargée de proposer un texte sur les dispositions restant en discussion est mise en place par les deux Bureaux.

Le texte élaboré par la Commission mixte paritaire est soumis pour adoption aux deux Chambres.

Si la Commission mixte paritaire ne parvient pas à l'adoption d'un texte unique ou si ce texte n'est pas approuvé dans les conditions prévues à l'alinéa précédent, l'Assemblée nationale statue définitivement. En ce cas, l'Assemblée nationale peut reprendre soit le texte élaboré par la Commission mixte paritaire, soit le dernier texte voté par elle, modifié le cas échéant par un ou plusieurs des amendements adoptés par le Sénat.

Article 136 : Dans les six jours de son adoption, la loi est transmise au Président de la République pour sa promulgation. Le Premier ministre en reçoit ampliation.

Article 137 : Dans un délai de quinze jours de la transmission, le Président de la République peut demander à l'Assemblée nationale ou au Sénat une nouvelle délibération de la loi ou de certains de ses articles. Cette nouvelle délibération ne peut être refusée.

Le texte soumis à une seconde délibération est adopté par l'Assemblée nationale et le Sénat soit sous la forme initiale, soit après modification à la majorité absolue des membres qui les composent.

Article 138 : Sans préjudice des autres dispositions de la présente Constitution, les moyens d'information et de contrôle de l'Assemblée nationale ou du Sénat, sur le Gouvernement, les entreprises publiques, les établissements et services publics sont :

1. la question orale ou écrite avec ou sans débat non suivie de vote ;

2. la question d'actualité ;

3. l'interpellation ;

4. la commission d'enquête ;

5. l'audition par les Commissions.

Ces moyens de contrôle s'exercent dans les conditions déterminées par le Règlement intérieur de chacune des Chambres et donnent lieu, le cas échéant, à la motion de défiance ou de censure conformément aux articles 146 et 147 de la présente Constitution.

Article 139 : La Cour constitutionnelle peut être saisie d'un recours visant à faire déclarer une loi à promulguer non conforme à la Constitution par :

1. le Président de la République dans les quinze jours qui suivent la transmission à lui faite de la loi définitivement adoptée ;

2. le Premier ministre dans les quinze jours qui suivent la transmission à lui faite de la loi définitivement adoptée;

3. le Président de l'Assemblée nationale ou le Président du Sénat dans les quinze jours qui suivent son adoption définitive ;

4. un nombre de députés ou de sénateurs au moins égal au dixième des membres de chacune des Chambres, dans les quinze jours qui suivent son adoption définitive.

La loi ne peut être promulguée que si elle a été déclarée conforme à la Constitution par la Cour constitutionnelle qui se prononce dans les trente jours de sa saisine. Toutefois, à la demande du Gouvernement, s'il y a urgence, ce délai est ramené à huit jours. Passé ces délais, la loi est réputée conforme à la Constitution.

Article 140 : Le Président de la République promulgue la loi dans les quinze jours de sa transmission après l'expiration des délais prévus par les articles 136 et 137 de la Constitution.

A défaut de promulgation de la loi par le Président de la République dans les délais constitutionnels, la promulgation est de droit.

Article 141 : Les lois sont revêtues du sceau de l'Etat et publiées au Journal officiel.

Article 142 : La loi entre en vigueur trente jours après sa publication au journal officiel à moins qu'elle n'en dispose autrement.

Dans tous les cas, le Gouvernement assure la diffusion en français et dans chacune des quatre langues nationales dans le délai de soixante jours à dater de la promulgation.

Article 143 : Conformément aux dispositions de l'article 86 de la Constitution, le Président de la République déclare la guerre sur décision du Conseil des ministres après avis du Conseil supérieur de la défense et autorisation de deux Chambres. Il en informe la Nation par un message.

Les droits et devoirs des citoyens, pendant la guerre ou en cas d'invasion ou d'attaque du territoire national par des forces de l'extérieur font l'objet d'une loi.

Article 144 : En application des dispositions de l'article 85 de la présente Constitution, l'état de siège, comme l'état d'urgence, est déclaré par le Président de la République.

L'Assemblée nationale et le Sénat se réunissent alors de plein droit. S'ils ne sont pas en session, une session extraordinaire est convoquée à cet effet conformément à l'article 116 de la présente Constitution.

La clôture des sessions ordinaires ou extraordinaires est de droit retardée pour permettre, le cas échéant, l'application des dispositions de l'alinéa précédent.

L'état d'urgence ou l'état de siège peut être proclamé sur tout ou partie du territoire de la République pour une durée de trente jours.

L'ordonnance proclamant l'état d'urgence ou l'état de siège cesse de plein droit de produire ses effets après l'expiration du délai prévu à l'alinéa trois du présent article, à moins que l'Assemblée nationale et le Sénat, saisis par le Président de la République sur décision du Conseil des ministres, n'en aient autorisé la prorogation pour des périodes successives de quinze jours.

L'Assemblée nationale et le Sénat peuvent, par une loi, mettre fin à tout moment à l'état d'urgence ou à l'état de siège.

Article 145 : En cas d'état d'urgence ou d'état de siège, le Président de la République prend, par ordonnances délibérées en Conseil des ministres, les mesures nécessaires pour faire face à la situation. Ces ordonnances sont, dès leur signature, soumises à la Cour constitutionnelle qui, toutes affaires cessantes, déclare si elles dérogent ou non à la présente Constitution.

Article 146 : Le Premier ministre peut, après délibération du Conseil des ministres, engager devant l'Assemblée nationale la responsabilité du Gouvernement sur son programme, sur une déclaration de politique générale ou sur le vote d'un texte.

L'Assemblée nationale met en cause la responsabilité du Gouvernement ou d'un membre du Gouvernement par le vote d'une motion de censure ou de défiance. La motion de censure contre le Gouvernement n'est recevable que si elle est signée par un quart des membres de l'Assemblée nationale. La motion de défiance contre un membre du Gouvernement n'est recevable que si elle est signée par un dixième des membres de l'Assemblée nationale.

Le débat et le vote ne peuvent avoir lieu que quarante-huit heures après le dépôt de la motion. Seuls sont recensés les votes favorables à la motion de censure ou de défiance qui ne peut être adoptée qu'à la majorité absolue des membres composant l'Assemblée nationale. Si la motion de censure ou de défiance est rejetée, ses signataires ne peuvent en proposer une nouvelle au cours de la même session.

Le programme, la déclaration de politique générale ou le texte visé à l'alinéa précédent est considéré comme adopté sauf si une motion de censure est votée dans les conditions prévues aux alinéas 2 et 3 du présent article.

Le Premier ministre a la faculté de demander au Sénat l'approbation d'une déclaration de politique générale.

Article 147 : Lorsque l'Assemblée nationale adopte une motion de censure, le Gouvernement est réputé démissionnaire. Dans ce cas, le Premier ministre remet la démission du Gouvernement au Président de la République dans les vingt-quatre heures.

Lorsqu'une motion de défiance contre un membre du Gouvernement est adoptée, celui-ci est réputé démissionnaire.

Article 148 : En cas de crise persistante entre le Gouvernement et l'Assemblée nationale, le Président de la République peut, après consultation du Premier ministre et des Présidents de l'Assemblée nationale et du Sénat, prononcer la dissolution de l'Assemblée nationale.

Aucune dissolution ne peut intervenir dans l'année qui suit les élections, ni pendant les périodes de l'état d'urgence ou de siège ou de guerre, ni pendant que la République est dirigée par un président intérimaire.

A la suite d'une dissolution de l'Assemblée nationale, la Commission électorale nationale indépendante convoque les électeurs en vue de l'élection, dans le délai de soixante jours suivant la date de publication de l'ordonnance de dissolution, d'une nouvelle Assemblée nationale.

Section 4 : Du Pouvoir judiciaire

Paragraphe 1 : Dispositions générales

Article 149 : Le pouvoir judiciaire est indépendant du pouvoir législatif et du pouvoir exécutif.

Il est dévolu aux cours et tribunaux qui sont : la Cour constitutionnelle, la Cour de cassation, le Conseil d'Etat, la Haute Cour militaire ainsi que les cours et tribunaux civils et militaires.

La justice est rendue sur l'ensemble du territoire national au nom du peuple.

Les arrêts et les jugements ainsi que les ordonnances des cours et tribunaux sont exécutés au nom du Président de la République.

Il ne peut être créé des tribunaux extraordinaires ou d'exception sous quelque dénomination que ce soit.

La loi peut créer des juridictions spécialisées.

Le pouvoir judiciaire dispose d'un budget élaboré par le Conseil supérieur de la magistrature et transmis au Gouvernement pour être inscrit dans le budget général de l'Etat. Le Premier Président de la Cour de cassation en est l'ordonnateur. Il est assisté par le Secrétariat permanent du Conseil supérieur de la magistrature.

Article 150 : Le pouvoir judiciaire est le garant des libertés individuelles et des droits fondamentaux des citoyens.

Les juges ne sont soumis dans l'exercice de leur fonction qu'à l'autorité de la loi.

Une loi organique fixe le statut des magistrats.

Le magistrat du siège est inamovible. Il ne peut être déplacé que par une nomination nouvelle ou à sa demande ou par rotation motivée décidée par le Conseil supérieur de la magistrature.

Article 151 : Le pouvoir exécutif ne peut donner d'injonction au juge dans l'exercice de sa juridiction, ni statuer sur les différends, ni entraver le cours de la justice, ni s'opposer à l'exécution d'une décision de justice.

Le pouvoir législatif ne peut ni statuer sur des différends juridictionnels, ni modifier une décision de justice, ni s'opposer à son exécution.

Toute loi dont l'objectif est manifestement de fournir une solution à un procès en cours est nulle et de nul effet.

Article 152 : Le Conseil supérieur de la magistrature est l'organe de gestion du pouvoir judiciaire.

Le Conseil supérieur de la magistrature est composé de :

1. Président de la Cour constitutionnelle ;
2. Procureur général près la Cour constitutionnelle ;
3. Premier Président de la Cour de cassation ;
4. Procureur général près la Cour de cassation ;
5. Premier Président du Conseil d'Etat ;
6. Procureur général près le Conseil d'Etat ;
7. Premier Président de la Haute Cour militaire;
8. l'Auditeur général près la Haute Cour militaire ;
9. Premiers Présidents des Cours d'Appel ;
10. Procureurs Généraux près les Cours d'Appel ;

11.Premiers Présidents des Cours administratives d'Appel ;
12.Procureurs Généraux près les Cours administratives d'Appel ;
13.Premiers Présidents des Cours militaires ;
14.Auditeurs militaires supérieurs ;
15.deux magistrats de siège par ressort de Cour d'Appel, élus par l'ensemble des magistrats du ressort pour un mandat de trois ans ;
16.deux magistrats du parquet par ressort de Cour d'Appel, élus par l'ensemble des magistrats du ressort pour un mandat de trois ans ;
17.un magistrat de siège par ressort de Cour militaire ;
18.un magistrat de parquet par ressort de Cour militaire.

Il élabore les propositions de nomination, de promotion et de révocation des magistrats.

Il exerce le pouvoir disciplinaire sur les magistrats.

Il donne ses avis en matière de recours en grâce.

Une loi organique détermine l'organisation et le fonctionnement du Conseil supérieur de la magistrature.

Paragraphe 2 : Des juridictions de l'ordre judiciaire

Article 153 : Il est institué un ordre de juridictions judiciaires, composé des cours et tribunaux civils et militaires placés sous le contrôle de la Cour de cassation.

Sans préjudice des autres compétences qui lui sont reconnues par la présente Constitution ou par les lois de la République, la Cour de cassation connaît des pourvois en cassation formés contre les arrêts et jugements rendus en dernier ressort par les cours et tribunaux civils et militaires.

Dans les conditions fixées par la Constitution et les lois de la République, la Cour de cassation connaît en premier et dernier ressort des infractions commises par :

1. les membres de l'Assemblée nationale et du Sénat ;

2. les membres du Gouvernement autres que le Premier ministre ;

3. les membres de la Cour constitutionnelle ;

4. les magistrats de la Cour de cassation ainsi que du parquet près cette Cour ;

5. les membres du Conseil d'Etat et les membres du Parquet près ce Conseil ;

6. les membres de la Cour des Comptes et les membres du parquet près cette Cour ;

7. les premiers Présidents des Cours d'appel ainsi que les Procureurs généraux près ces cours ;

8. les premiers Présidents des Cours administratives d'appel et les Procureurs près ces cours ;

9. les Gouverneurs, les Vice-gouverneurs de province et les ministres provinciaux ;

10. les Présidents des Assemblées provinciales.

Les Cours et Tribunaux, civils et militaires, appliquent les traités internationaux dûment ratifiés, les lois, les actes réglementaires pour autant qu'ils soient conformes aux lois ainsi que la coutume pour autant que celle-ci ne soit pas contraire à l'ordre public ou aux bonnes mœurs.

L'organisation, le fonctionnement et les compétences des juridictions de l'ordre judiciaire sont déterminés par une loi organique.

Paragraphe 3 : Des juridictions de l'ordre administratif

Article 154 : Il est institué un ordre de juridictions administratives composé du Conseil d'Etat et des Cours et tribunaux administratifs.

Article 155 : Sans préjudice des autres compétences que lui reconnaît la Constitution ou la loi, le Conseil d'Etat connaît, en premier et dernier ressort, des recours pour violation de la loi, formés contre les actes, règlements et décisions des autorités administratives centrales.

Il connaît en appel des recours contre les décisions des Cours administratives d'appel.

Il connaît, dans les cas où il n'existe pas d'autres juridictions compétentes, de demandes d'indemnités relatives à la réparation d'un dommage exceptionnel, matériel ou moral résultant d'une mesure prise ou ordonnée par les autorités de la République. Il se prononce en équité en tenant compte de toutes les circonstances d'intérêt public ou privé.

L'organisation, la compétence et le fonctionnement des juridictions de l'ordre administratif sont fixés par une loi organique.

Paragraphe 4 : Des juridictions militaires

Article 156 Les juridictions militaires connaissent des infractions commises par les membres des Forces armées et de la Police nationale.

En temps de guerre ou lorsque l'état de siège ou d'urgence est proclamé, le Président de la République, par une décision délibérée en Conseil des ministres, peut suspendre sur tout ou partie de la République et pour la durée et les infractions qu'il fixe, l'action répressive des Cours et Tribunaux de droit commun au profit de celle des juridictions militaires. Cependant, le droit d'appel ne peut être suspendu.

Une loi organique fixe les règles de compétence, d'organisation et de fonctionnement des juridictions militaires.

Paragraphe 5 : De la Cour constitutionnelle

Article 157 : Il est institué une Cour constitutionnelle.

Article 158 : La Cour constitutionnelle comprend neuf membres nommés par le Président de la République dont trois sur sa propre initiative, trois désignés par le Parlement réuni en Congrès et trois désignés par le Conseil supérieur de la magistrature.

Les deux tiers des membres de la Cour Constitutionnelle doivent être des juristes provenant de la magistrature, du barreau ou de l'enseignement universitaire.

Le mandat des membres de la Cour constitutionnelle est de neuf ans non renouvelable.

La Cour constitutionnelle est renouvelée par tiers tous les trois ans. Toutefois, lors de chaque renouvellement, il sera procédé au tirage au sort d'un membre par groupe.

Le Président de la Cour constitutionnelle est élu par ses pairs pour une durée de trois ans renouvelable une seule fois. Il est investi par ordonnance du Président de la République.

Article 159 : Nul ne peut être nommé membre de la Cour constitutionnelle :

1. s'il n'est congolais

2. s'il ne justifie d'une expérience éprouvée de quinze ans dans les domaines juridique ou politique.

Article 160 : La Cour constitutionnelle est chargée du contrôle de la constitutionnalité des lois et des actes ayant force de loi.

Les lois organiques, avant leur promulgation, et les Règlements Intérieurs des Chambres parlementaires et du Congrès, de la Commission électorale nationale indépendante ainsi que du Conseil supérieur de l'audiovisuel et de la communication, avant leur mise en application, doivent être soumis à la Cour constitutionnelle qui se prononce sur leur conformité à la Constitution.

Aux mêmes fins d'examen de la constitutionnalité, les lois peuvent être déférées à la Cour constitutionnelle, avant leur promulgation, par le Président de la République, le Premier ministre, le Président de l'Assemblée nationale, le Président du Sénat ou le dixième des députés ou des sénateurs.

La Cour constitutionnelle statue dans le délai de trente jours. Toutefois, à la demande du Gouvernement, s'il y a urgence, ce délai est ramené à huit jours.

Article 161 : La Cour constitutionnelle connaît des recours en interprétation de la Constitution sur saisine du Président de la République, du Gouvernement, du Président du Sénat, du Président de l'Assemblée nationale, d'un dixième des membres de chacune des Chambres parlementaires, des gouverneurs de Province et des présidents des Assemblées provinciales.

Elle juge du contentieux des élections présidentielles et législatives ainsi que du référendum.

Elle connaît des conflits de compétences entre le Pouvoir exécutif et le Pouvoir législatif ainsi qu'entre l'Etat et les Provinces.

Elle connaît des recours contre les arrêts rendus par la Cour de cassation et le Conseil d'Etat, uniquement en tant qu'ils se prononcent sur l'attribution du litige aux juridictions de l'ordre judiciaire ou administratif. Ce recours n'est recevable que si un déclinatoire de juridiction a été soulevé par ou devant la Cour de cassation ou le Conseil d'Etat.

Les modalités et les effets des recours visés aux alinéas précédents sont déterminés par la loi.

Article 162 : La Cour constitutionnelle est juge de l'exception d'inconstitutionnalité soulevée devant ou par une juridiction.

Toute personne peut saisir la Cour constitutionnelle pour inconstitutionnalité de tout acte législatif ou réglementaire.

Elle peut en outre, saisir la Cour constitutionnelle par la procédure de l'exception de l'inconstitutionnalité invoquée dans une affaire qui la concerne devant une juridiction.

Celle-ci sursoit à statuer et saisit, toutes affaires cessantes, la Cour constitutionnelle.

Article 163 : La Cour constitutionnelle est la juridiction pénale du Chef de l'Etat et du Premier ministre dans les cas et conditions prévus par la Constitution.

Article 164 : La Cour constitutionnelle est le juge pénal du Président de la République et du Premier ministre pour des infractions politiques de haute trahison, d'outrage au Parlement, d'atteinte à l'honneur ou à la probité ainsi que pour les délits d'initié et pour les autres infractions de droit commun commises dans l'exercice ou à l'occasion de l'exercice de leurs fonctions. Elle est également compétente pour juger leurs co-auteurs et complices.

Article 165 : Sans préjudice des autres dispositions de la présente Constitution, il y a haute trahison lorsque le Président de la République a violé intentionnellement la Constitution ou lorsque lui ou le Premier ministre sont reconnus auteurs, co auteurs ou complices de violations graves et caractérisées des Droits de l'Homme, de cession d'une partie du territoire national.

Il y a atteinte à l'honneur ou à la probité notamment lorsque le comportement personnel du Président de la République ou du Premier ministre est contraire aux bonnes mœurs ou qu'ils sont reconnus auteurs, co-auteurs ou complices de malversations, de corruption ou d'enrichissement illicite.

Il y a délit d'initié dans le chef du Président de la République ou du Premier ministre lorsqu'il effectue des opérations sur valeurs immobilières ou sur marchandises à l'égard desquelles il possède des informations privilégiées et dont il tire profit avant que ces informations soient connues du public. Le délit d'initié englobe l'achat ou la vente d'actions fondée sur des renseignements qui ne seraient jamais divulgués aux actionnaires.

Il y a outrage au Parlement lorsque sur des questions posées par l'une ou l'autre Chambre du Parlement sur l'activité gouvernementale, le Premier ministre ne fournit aucune réponse dans un délai de trente jours.

Article 166 : La décision de poursuites ainsi que la mise en accusation du Président de la République et du Premier ministre sont votées à la majorité des deux tiers des membres du Parlement composant le Congrès suivant la procédure prévue par le Règlement intérieur.

La décision de poursuites ainsi que la mise en accusation des membres du gouvernement sont votées à la majorité absolue des membres composant l'Assemblée nationale suivant la procédure prévue par le Règlement intérieur.

Les membres du gouvernement mis en accusation, présentent leur démission.

Article 167 : En cas de condamnation, le Président de la République et le Premier ministre sont déchus de leurs charges. La déchéance est prononcée par la cour constitutionnelle.

Pour les infractions commises en dehors de l'exercice de leurs fonctions, les poursuites contre le Président de la République et le Premier ministre sont suspendues jusqu'à l'expiration de leurs mandats. Pendant ce temps, la prescription est suspendue.

Article 168 : Les arrêts de la Cour constitutionnelle ne sont susceptibles d'aucun recours et sont immédiatement exécutoires. Ils sont obligatoires et s'imposent aux pouvoirs publics, à toutes les autorités administratives et juridictionnelles, civiles et militaires ainsi qu'aux particuliers.

Tout acte déclaré non conforme à la Constitution est nul de plein droit.

Article 169 : L'organisation et le fonctionnement de la Cour constitutionnelle sont fixés par une loi organique.

Section 5 : Des Finances publiques Paragraphe 1er : Des dispositions générales

Article 170 : Le Franc congolais est l'unité monétaire de la République Démocratique du Congo. Il a le pouvoir libératoire sur tout le territoire national.

Article 171 : Les finances du pouvoir central et celles des provinces sont distinctes.

Article 172 : L'exercice budgétaire commence le premier janvier et se termine le 31 décembre.

Article 173 : Le compte général de la République est soumis chaque année au Parlement par la Cour des comptes avec ses observations.

Le compte général de la République est arrêté par la loi.

Article 174 : Il ne peut être établi d'impôts que par la loi.

La contribution aux charges publiques constitue un devoir pour toute personne vivant en République Démocratique du Congo.

Il ne peut être établi d'exemption ou d'allègement fiscal qu'en vertu de la loi.

Article 175 : Le budget des recettes et des dépenses de l'Etat, à savoir celui du Pouvoir central et des provinces, est arrêté chaque année par une loi.

La part des recettes à caractère national allouées aux provinces est établie à 40%. Elle est retenue à la source.

La loi fixe la nomenclature des autres recettes locales et la modalité de leur répartition.

Paragraphe 2 : De la Banque Centrale

Article 176 : La Banque centrale du Congo est l'institut d'émission de la République Démocratique du Congo.

A ce titre, elle a pour mission :

1. la garde des fonds publics ;

2. la sauvegarde et la stabilité monétaire ;

3. la définition et la mise en œuvre de la politique monétaire ;

4. le contrôle de l'ensemble de l'activité bancaire ;

5. de conseil économique et financier du Gouvernement.

Dans la réalisation de ces missions et attributions, la Banque Centrale du Congo est indépendante et jouit de l'autonomie de gestion.

Article 177 : L'organisation et le fonctionnement de la Banque centrale du Congo sont fixés par une loi organique.

Paragraphe 3 : De la Cour des comptes

Article 178 : Il est institué en République Démocratique du Congo une Cour des comptes.

La Cour de comptes relève de l'Assemblée nationale.

Les membres de la Cour des comptes sont nommés, relevés de leurs fonctions et, le cas échéant, révoqués par le Président de la République, après avis de l'Assemblée nationale.

Les membres de la Cour des comptes doivent justifier d'une haute qualification en matière financière, juridique ou administrative et d'une expérience professionnelle d'au moins dix ans.

Article 179 : La composition, l'organisation et le fonctionnement de la Cour des comptes sont fixés par une loi organique.

Article 180 : La Cour des comptes contrôle dans les conditions fixées par la loi, la gestion des finances de l'Etat, des biens publics ainsi que les comptes des provinces, des entités territoriales décentralisées ainsi que des organismes publics.

Elle publie, chaque année, un rapport remis au Président de la République, au Parlement et au Gouvernement.

Le rapport est publié au Journal officiel.

Paragraphe 4 : De la Caisse nationale de péréquation

Article 181 : Il est institué une Caisse nationale de péréquation. Elle est dotée de la personnalité juridique.

La Caisse nationale de péréquation a pour mission de financer des projets et programmes d'investissement public, en vue d'assurer la solidarité nationale et de corriger le déséquilibre de développement entre les Provinces et entre les autres entités territoriales décentralisées.

Elle dispose d'un budget alimenté par le Trésor public à concurrence de dix pour cent de la totalité des recettes à caractère national revenant à l'Etat chaque année.

Elle est placée sous la tutelle du Gouvernement.

Une loi organique fixe son organisation et son fonctionnement.

Section 6 : De la Police nationale et des Forces armées

Paragraphe 1er : De la Police nationale

Article 182 : La Police nationale est chargée de la sécurité publique, de la sécurité des personnes et de leurs biens, du maintien et du rétablissement de l'ordre public ainsi que de la protection rapprochée des hautes autorités.

Article 183 : La Police nationale est apolitique. Elle est au service de la Nation congolaise. Nul ne peut la détourner à ses fins propres.

La Police nationale exerce son action sur l'ensemble du territoire national dans le respect de la présente Constitution et des lois de la République.

Article 184 : La Police nationale est soumise à l'autorité civile locale et est placée sous la responsabilité du ministère qui a les affaires intérieures dans ses attributions.

Article 185 : Les effectifs à tous les niveaux, les fonctions de commandement en tout temps et en toute circonstance, doivent tenir compte des critères objectifs liés à la fois à l'aptitude physique, à une instruction suffisante et à une moralité éprouvée ainsi qu'à une représentation équitable des provinces.

Article 186 Une loi organique fixe l'organisation et le fonctionnement de la Police nationale.

Paragraphe 2 : Des Forces armées

Article 187 : Les Forces armées comprennent la force terrestre, la force aérienne, la force navale et leurs services d'appui.

Elles ont pour mission de défendre l'intégrité du territoire national et les frontières. Dans les conditions fixées par la loi, elles participent, en temps de paix, au développement économique, social et culturel ainsi qu'à la protection des personnes et de leurs biens.

Article 188 : Les Forces armées sont républicaines. Elles sont au service de la nation toute entière.

Nul ne peut, sous peine de haute trahison, les détourner à ses fins propres.

Elles sont apolitiques et soumises à l'autorité civile.

Article 189 : Les effectifs à tous les niveaux, les fonctions de commandement en tout temps et en toute circonstance doivent tenir compte des critères objectifs liés à la fois à l'aptitude physique, à une instruction suffisante, à une moralité éprouvée ainsi qu'à une représentation équitable des provinces.

Article 190 : Nul ne peut, sous peine de haute trahison, organiser des formations militaires, para-militaires ou des milices privées, ni entretenir une jeunesse armée.

Article 191 : Une loi organique fixe l'organisation et le fonctionnement des Forces armées.

Article 192 : Il est institué un Conseil supérieur de la défense.

Le Conseil supérieur de la défense est présidé par le Président de la République et, en cas d'absence ou d'empêchement par le Premier ministre.

Une loi organique détermine l'organisation, la composition, les attributions, et le fonctionnement du Conseil supérieur de la défense.

Section 7 : De l'Administration publique

Article 193 : L'Administration Publique est apolitique, neutre et impartiale. Nul ne peut la détourner à des fins personnelles ou partisanes.

Elle comprend la fonction publique ainsi que tous les organismes et services assimilés.

Article 194 : Une loi organique fixe l'organisation et le fonctionnement des services publics du pouvoir central, des provinces et des entités territoriales décentralisées.

Chapitre 2 : Des Provinces

Section 1 : Des Institutions politiques provinciales

Article 195 : Les institutions provinciales sont :

1. l'Assemblée provinciale ;

2. le Gouvernement provincial.

Article 196 : Les provinces sont organisées conformément aux principes énoncés à l'article 3 de la présente Constitution. Les subdivisions territoriales à l'intérieur des Provinces sont fixées par une loi organique.

Article 197 : L'Assemblée provinciale est l'organe délibérant de la province. Elle délibère dans le domaine des compétences réservées à la province et contrôle le Gouvernement provincial ainsi que les services publics provinciaux et locaux.

Elle légifère par voie d'édit.

Ses membres sont appelés députés provinciaux. Ils sont élus au suffrage universel direct et secret ou cooptés pour un mandat de cinq ans renouvelable. Le nombre de députés provinciaux cooptés ne peut dépasser le dixième des membres qui composent l'Assemblée provinciale. Sans préjudices des autres dispositions de la présente Constitution, les dispositions des articles 100, 101, 102, 103, 107, 108, 109 et 110 sont applicables, mutatis mutandis, aux Assemblées provinciales et à leurs membres.

Lorsqu'une crise politique grave et persistante menace d'interrompre le fonctionnement régulier des institutions provinciales, le Président de la République peut, par une ordonnance délibérée en Conseil des ministres et après concertation avec les bureaux de l'Assemblée Nationale et du Sénat, dissoudre l'Assemblée provinciale. Dans ce cas, la Commission électorale nationale indépendante organise les élections provinciales dans un délai de soixante jours à compter de la dissolution.

En cas de force majeure, ce délai peut être prolongé à cent vingt jours au plus, par la Cour constitutionnelle saisie par la Commission électorale nationale indépendante.

Articles 198 : Le Gouvernement provincial est composé d'un Gouverneur, d'un Vice-Gouverneur et des ministres provinciaux.

Le Gouverneur et le Vice-Gouverneur sont élus pour un mandat de cinq ans renouvelable une seule fois par les députés provinciaux au sein ou en dehors de l'Assemblée provinciale. Ils sont investis par ordonnance du Président de la République.

Les ministres provinciaux sont désignés par le Gouverneur au sein ou en dehors de l'Assemblée provinciale.

La composition du Gouvernement provincial tient compte de la représentativité provinciale.

Le nombre de ministres provinciaux ne peut dépasser dix.

Avant d'entrer en fonction, le Gouverneur présente à l'Assemblée provinciale le programme de son Gouvernement.

Lorsque ce programme est approuvé à la majorité absolue des membres qui composent l'Assemblée provinciale, celle-ci investit les ministres.

Les membres du Gouvernement provincial peuvent être, collectivement ou individuellement, relevés de leurs fonctions par le vote d'une motion de censure ou de défiance de l'Assemblée provinciale.

Les dispositions des articles 146 et 147 de la présente Constitution s'appliquent, mutatis mutandis, aux membres du Gouvernement provincial.

Lorsqu'une crise politique grave et persistante menace d'interrompre le fonctionnement régulier des institutions provinciales, le Président de la République peut, par une ordonnance délibérée en Conseil des ministres et après concertation avec les bureaux de l'Assemblée Nationale et du Sénat, relever de ses fonctions le Gouverneur d'une province. Dans ce cas, la Commission électorale nationale indépendante organise l'élection du nouveau Gouverneur dans un délai de trente jours.

Article 199 : Deux ou plusieurs provinces peuvent, d'un commun accord, créer un cadre d'harmonisation et de coordination de leurs politiques respectives et gérer en commun certains services dont les attributions portent sur les matières relevant de leurs compétences.

Article 200 : Il est institué une conférence des Gouverneurs de province.

Elle a pour mission d'émettre des avis et de formuler des suggestions sur la politique à mener et sur la législation à édicter par la République.

La conférence des Gouverneurs de province est composée, outre les Gouverneurs de Province, du Président de la République, du Premier ministre et du ministre de l'intérieur. Tout autre membre du Gouvernement peut y être invité.

Elle est présidée par le Président de la République.

Elle se réunit au moins deux fois par an sur convocation de son Président.

Elle se tient à tour de rôle dans chaque province. Une loi organique en détermine les modalités d'organisation et de fonctionnement.

Section 2 : De la répartition des compétences entre le pouvoir central et les provinces

Article 201 : La répartition des compétences entre le Pouvoir central et les provinces est fixée par la présente Constitution.

Les matières sont, soit de la compétence exclusive du pouvoir central, soit de la compétence concurrente du pouvoir central et des provinces, soit de la compétence exclusive des provinces.

Article 202 : Sans préjudice des autres dispositions de la présente Constitution, les matières suivantes sont de la compétence exclusive du pouvoir central :

1. les affaires étrangères comprenant les relations diplomatiques ainsi que les traités et accords internationaux ;

2. la réglementation du commerce extérieur ;

3. la nationalité, le statut et la police des étrangers ;

4. l'extradition, l'immigration, l'émigration et la délivrance des passeports et des visas ;

5. la sûreté extérieure ;

6. la défense nationale ;

7. la police nationale ;

8. la fonction publique nationale ;

9. les finances publiques de la République ;

10. l'établissement des impôts sur le revenu, des impôts sur les sociétés et des impôts personnels conformément à l'article 174 ;

11. la dette publique de la République ;

12. les emprunts extérieurs pour les besoins de la République ou des provinces ;

13. les emprunts intérieurs pour les besoins de la République ;

14. la monnaie, l'émission de la monnaie et le pouvoir libératoire de la monnaie ;

15. les poids, mesures et informatique ;

16. les douanes et les droits d'importation et d'exportation ;

17. la réglementation concernant les banques et les opérations bancaires et boursières;

18. la réglementation des changes ;

19. la propriété littéraire, artistique et industrielle et les brevets.

20. les postes et les télécommunications, y compris les téléphones et télégraphes, la radiodiffusion, la télévision et les satellites;

21. la navigation maritime et intérieure, les lignes aériennes, les chemins de fer, les routes et autres voies de communication, naturelles ou artificielles qui relient deux ou plusieurs provinces ou le territoire de la République à un territoire étranger ou qu'une loi nationale a déclarée d'intérêt national bien qu'elles soient entièrement situées sur le territoire d'une province ;

22. les universités et autres établissements d'enseignement scientifique, technique ou professionnel supérieur créés ou subventionnés par le Gouvernement central ou par les gouvernements provinciaux et qu'une loi nationale a déclarés d'intérêt national ;

23. l'établissement des normes d'enseignement applicables dans tous les territoires de la République ;

24. l'acquisition des biens pour les besoins de la République, sans préjudice des dispositions de l'article 34 ;

25. l'élaboration des programmes agricoles, forestiers et énergétique d'intérêt national et la coordination des programmes d'intérêt provincial ; Les offices des produits agricoles et les organismes assimilés ainsi que la répartition des cadres conformément au statut des agents de carrière des services publics de l'Etat ; Les régimes énergétiques, agricoles et forestiers sur la chasse et la pêche, sur la conservation de la nature (flore et faune), sur la capture, sur l'élevage, sur les denrées alimentaires d'origine animale et l'art vétérinaire.

26. la protection contre les dangers occasionnés par l'énergie ou par les radiations et l'élimination des substances radioactives ;

27. la prévention des abus des puissances économiques ;

28. le patrimoine historique, les monuments publics et les parcs déclarés d'intérêt national ;

29. les services de la météorologie et la coordination technique des services de la géodésie, de la cartographie et de l'hydrographie ;

30. la nomination et l'affectation des inspecteurs provinciaux de l'enseignement primaire, secondaire, professionnel et spécial ;

31. les statistiques et le recensement d'intérêt national ;

32. la planification nationale ;

33. la recherche scientifique et technologique ;

34. les plans directeurs nationaux de développement des infrastructures de base notamment les ports, les aéroports, les gares ;

35. l'assistance aux anciens combattants et les handicapés de guerre ;

36. la législation notamment concernant :

a) le code de commerce, y compris les assurances, la constitution et l'agrément des sociétés ;

b) le code pénal, le régime pénitentiaire ;

c) le code d'organisation et de compétence judiciaires et le code judiciaire ;

d) la législation pour les professions libérales ;

e) la législation du travail comprenant notamment les lois régissant les relations entre employeurs et travailleurs, la sécurité des travailleurs, les règles relatives à la sécurité sociale et, en particulier, les règles relatives aux assurances sociales et au chômage involontaire ;

f) la législation économique comprenant les lois concernant les mines, minéraux et huiles minérales, l'industrie, les sources d'énergie et la conservation des ressources naturelles ;

g) la législation sur les arts et métiers ;

h) la législation médicale et l'art de guérir, la médecine préventive, notamment l'hygiène, la salubrité publique et la protection maternelle et infantile, la législation sur la profession de pharmacien, sur le commerce pharmaceutique, sur l'immigration et le transit, les règlements sanitaires bilatéraux et internationaux, la législation sur l'hygiène du travail, la coordination technique des laboratoires médicaux et la répartition des médecins ;

i) la loi électorale ;

j) la loi électorale ; la législation sur la fabrication, la rectification, l'importation, l'exportation et la vente de l'alcool obtenu par la distillation ;

k) la législation sur la fabrication, l'importation et exportation, et la vente des boissons alcoolisées et non alcoolisées ;

l) la législation sur la fabrication, l'importation et l'exportation et le transit des matériels de guerre ;

m) la législation sur la fécondation artificielle chez l'être humain, sur la manipulation des informations génétiques et sur les transplantations d'organes et des tissus humains;

n) la législation sur les réfugiés, les expulsés et les personnes déplacées ;

o) la législation sur l'admission aux professions médicales et aux autres professions et activités.

Article 203 : Sans préjudice des autres dispositions de la présente Constitution, les matières suivantes sont de la compétence concurrente du pouvoir central et des provinces :

1. la mise en œuvre des mécanismes de promotion et de sauvegarde des droits humains et des libertés fondamentales consacrés dans la présente Constitution;

2. les droits civils et coutumiers ;

3. les statistiques et les recensements ;

4. la sûreté intérieure ;

5. l'administration des cours et tribunaux, des maisons d'arrêt et de correction et des prisons;

6. la vie culturelle et sportive ;

7. l'établissement des impôts, y compris les droits d'accise et de consommation, à l'exclusion des impôts visés à l'article 174 ;

8. l'exécution des mesures sur la police des étrangers ;

9. la recherche scientifique et technologique ainsi que les bourses d'études, de perfectionnement et d'encouragement à la recherche ;

10. les institutions médicales et philanthropiques, l'engagement du personnel médical et agricole de commandement ;

11. la mise en œuvre des programmes de la météorologie, de la géologie, de la cartographie et de l'hydrologie ; 12. les calamités naturelles ; 13. la presse, la radio, la télévision, l'industrie cinématographique ;

14. la protection civile ;

15. le tourisme ;

16. les droits fonciers et miniers, l'aménagement du territoire, le régime des eaux et forêts ;

17. la prévention des épidémies et épizooties dangereuses pour la collectivité ;

18. la protection de l'environnement, des sites naturels, des paysages et la conservation des sites ;

19. la réglementation sur les régimes énergétiques, agricoles et forestiers, l'élevage, les denrées alimentaires d'origine animale et végétale ;

20. la création des établissements primaires, secondaires, supérieurs et universitaires;

21. le trafic routier, la circulation automobile, la construction et l'entretien des routes d'intérêt national, la perception et la répartition des péages pour l'utilisation des routes construites par le pouvoir central et/ou par la province ;

22. les institutions médicales et philanthropiques ;

23. l'initiative des projets, programmes et accords de coopération économique, culturelle, scientifique et sociale internationale ;

24. la production, le transport, l'utilisation et l'exploitation de l'énergie ;

25. la protection des groupes des personnes vulnérables.

Article 204 : Sans préjudice des autres dispositions de la présente Constitution, les matières suivantes sont de la compétence exclusive des Provinces :

1. le plan d'aménagement de la Province ;

2. la coopération inter provinciale ;

3. la fonction publique provinciale et locale ;

4. l'application des normes régissant l'état civil ;

5. les finances publiques provinciales ;

6. la dette publique provinciale ;

7. les emprunts intérieurs pour les besoins des provinces ;

8. la délivrance et la conservation des titres immobiliers dans le respect de la législation nationale ;

9. l'organisation du petit commerce frontalier ;

10. l'organisation et le fonctionnement des services publics, établissements et entreprises publiques provinciaux dans le respect de la législation nationale ;

11. les travaux et marchés publics d'intérêt provincial et local ;

12. l'acquisition des biens pour les besoins de la province ;

13. l'enseignement maternel, primaire, secondaire, professionnel et spécial ainsi que l'alphabétisation des citoyens conformément aux normes établies par le pouvoir central;

14. l'établissement des peines d'amende ou de prison pour assurer le respect des édits en conformité avec la législation nationale ;

15. les communications intérieures des provinces ;

16. les impôts, les taxes et les droits provinciaux et locaux notamment l'impôt foncier, l'impôt sur les revenus locatifs et l'impôt sur les véhicules automoteurs ;

17. la fixation des salaires minima provinciaux conformément à la législation nationale;

18. l'affectation du personnel médical conformément au statut des agents de carrière des services publics de l'Etat, l'élaboration des programmes d'assainissement et de campagne de lutte contre les maladies endémo épidémiques conformément au plan national : l'organisation des services d'hygiène et de prophylaxie provinciale, l'application et le contrôle de la législation médicale et pharmaceutique nationale ainsi que l'organisation des services de la médecine curative, des services philanthropiques et missionnaires, des laboratoires médicaux et des services pharmaceutiques, l'organisation et la promotion des soins de santé primaires ;

19. l'élaboration des programmes miniers, minéralogiques, industriels, énergétique d'intérêt provincial et leur exécution conformément aux normes générales du planning national ;

20. l'élaboration des programmes agricoles et forestiers et leur exécution conformément aux normes du planning national, l'affectation du personnel agricole, des cadres conformément aux dispositions du statut des agents de carrière des services publics de l'Etat, l'application de la législation nationale concernant l'agriculture, la forêt, la chasse et la pêche ainsi que l'environnement, la conservation de la nature et la capture des animaux sauvages, l'organisation et le contrôle des campagnes agricoles, la fixation des prix des produits agricoles ;

21. l'affectation en province du personnel vétérinaire conformément au statut des agents de carrière des services publics de l'Etat; l'élaboration des programmes de campagne de santé animale et l'application des mesures de police sanitaire vétérinaire notamment en ce qui concerne les postes frontaliers et de quarantaine ;

22. l'organisation des campagnes de vaccination contre les maladies enzootiques, l'organisation des laboratoires, cliniques et dispensaires de la provenderie ainsi que l'application de la législation nationale en matière vétérinaire, l'organisation de la promotion de santé de base ;

23. le tourisme, le patrimoine historique, les monuments publics et les parcs d'intérêt provincial et local ;

24. l'habitat urbain et rural, la voirie et les équipements collectifs provinciaux et locaux;

25. l'inspection des activités culturelles et sportives provinciales ;

26. l'exploitation des sources d'énergie non nucléaire et la production de l'eau pour les besoins de la province ;

27. l'exécution des mesures du droit de résidence et d'établissement des étrangers, conformément à la loi ;

28. l'exécution du droit coutumier ;

29. la planification provinciale.

Article 205 : Une Assemblée provinciale ne peut légiférer sur les matières de la compétence exclusive du Pouvoir Central. Réciproquement, l'Assemblée nationale et le Sénat ne peuvent légiférer sur les matières de la compétence exclusive d'une province.

Toutefois, l'Assemblée nationale et le Sénat peuvent, par une loi, habiliter une Assemblée provinciale à prendre des édits sur des matières de la compétence exclusive du Pouvoir Central. Lorsque l'Assemblée nationale et le Sénat mettent fin à la délégation de pouvoir ainsi donnée à l'Assemblée provinciale, les dispositions des édits provinciaux promulgués en des matières de la compétence exclusive du Pouvoir Central, en vertu de cette délégation de pouvoir, demeurent cependant en vigueur dans la province intéressée jusqu'à ce qu'une loi nationale ait réglé ces matières.

Pareillement, une Assemblée provinciale peut, par un édit, habiliter l'Assemblée nationale et le Sénat à légiférer sur des matières de la compétence exclusive de la province. Lorsque l'Assemblée provinciale met fin à la délégation de pouvoir ainsi donnée à l'Assemblée nationale et au Sénat, les dispositions des lois nationales promulguées en des matières de la compétence exclusive des provinces, en vertu de cette délégation de pouvoir, demeurent cependant en vigueur dans la province intéressée jusqu'à ce qu'un édit provincial les ait réglées.

Dans les matières relevant de la compétence concurrente du Pouvoir Central et des provinces, tout édit provincial incompatible avec les lois et règlements d'exécution nationaux est nul et abrogé de plein droit, dans la mesure où il y a incompatibilité.

La législation nationale prime sur l'édit provincial.

Article 206 : Sauf dispositions contraires de la législation nationale, les gouvernements provinciaux exécutent, par l'intermédiaire de leurs services, les lois et les règlements nationaux.

Section 3 : De l'autorité coutumière

Article 207 : L'autorité coutumière est reconnue.

Elle est dévolue conformément à la coutume locale, pour autant que celle-ci ne soit pas contraire à la Constitution, à la loi, à l'ordre public et aux bonnes mœurs.

Tout Chef coutumier désireux d'exercer un mandat public électif doit se soumettre à l'élection, sauf application des dispositions de l'article 197 alinéa 3 de la présente Constitution.

L'autorité coutumière a le devoir de promouvoir l'unité et la cohésion nationales.

Une loi fixe le statut des chefs coutumiers.

Titre IV : Du Conseil Economique et Social

Article 208 : Il est institué en République Démocratique du Congo un Conseil économique et social.

Article 209 : Le Conseil économique et social a pour mission de donner des avis consultatifs sur les questions économiques et sociales lui soumises par le Président de la République, l'Assemblée nationale, le Sénat et le Gouvernement.

Il peut, de sa propre initiative, appeler l'attention du Gouvernement et des provinces sur les réformes qui lui paraissent de nature à favoriser le développement économique et social du pays.

Article 210 : Une loi organique détermine l'organisation et le fonctionnement du Conseil économique et social.

Titre V : Des institutions d'appui à la démocratie

Chapitre 1er : De la Commission électorale nationale indépendante

Article 211 : Il est institué une Commission électorale nationale indépendante dotée de la personnalité juridique.

La Commission électorale nationale indépendante est chargée de l'organisation du processus électoral notamment de l'enrôlement des électeurs, de la tenue du fichier électoral, des opérations de vote, de dépouillement et de tout référendum.

Elle assure la régularité du processus électoral et référendaire.

Une loi organique fixe l'organisation et le fonctionnement de la Commission électorale nationale indépendante.

Chapitre 2 : Du conseil supérieur de l'audiovisuel et de la communication

Article 212 : Il est institué un Conseil supérieur de l'audiovisuel et de la communication dotée de la personnalité juridique.

Il a pour mission de garantir et d'assurer la liberté et la protection de la presse, ainsi que de tous les moyens de communication de masse dans le respect de la loi.

Il veille au respect de la déontologie en matière d'information et à l'accès équitable des partis politiques, des associations et des citoyens aux moyens officiels d'information et de communication.

La composition, les attributions, l'organisation et le fonctionnement du Conseil supérieur de l'audiovisuel et de la communication sont fixés par une loi organique.

Titre VI : Des traites et accords internationaux

Article 213 Le Président de la République négocie et ratifie les traités et accords internationaux.

Le Gouvernement conclut les accords internationaux non soumis à ratification après délibération en Conseil des ministres. Il en informe l'Assemblée nationale et le Sénat.

Article 214 : Les traités de paix, les traités de commerce, les traités et accords relatifs aux organisations internationales et au règlement des conflits internationaux, ceux qui engagent les finances publiques, ceux qui modifient les dispositions législatives, ceux qui sont relatifs à l'état des personnes, ceux qui comportent échange et adjonction de territoire ne peuvent être ratifiés ou approuvés qu'en vertu d'une loi.

Nulle cession, nul échange, nulle adjonction de territoire n'est valable sans l'accord du peuple congolais consulté par voie de référendum.

Article 215 : Les traités et accords internationaux régulièrement conclus ont dès leur publication, une autorité supérieure à celle des lois, sous réserve pour chaque traité ou accord, de son application par l'autre partie.

Article 216 : Si la Cour constitutionnelle consultée par le Président de la République, par le Premier ministre, le Président de l'Assemblée nationale ou le Président du Sénat, par un dixième des députés ou un dixième des sénateurs, déclare qu'un traité ou accord international comporte une clause contraire à la Constitution, la ratification ou l'approbation ne peut intervenir qu'après la révision de la Constitution.

Article 217 : La République Démocratique du Congo peut conclure des traités ou des accords d'association ou de communauté comportant un abandon partiel de souveraineté en vue de promouvoir l'unité africaine.

Titre VII : De la révision constitutionnelle

Article 218 : L'initiative de la révision constitutionnelle appartient concurremment:

1. au Président de la République;

2. au Gouvernement après délibération en Conseil des ministres;

3. à chacune des Chambres du Parlement à l'initiative de la moitié de ses membres ;

4. à une fraction du peuple congolais, en l'occurrence 100.000 personnes, s'exprimant par une pétition adressée à l'une des deux Chambres. Chacune de ces initiatives est soumise à l'Assemblée nationale et au Sénat qui décident, à la majorité absolue de chaque Chambre, du bienfondé du projet, de la proposition ou de la pétition de révision.

La révision n'est définitive que si le projet, la proposition ou la pétition est approuvée par référendum sur convocation du Président de la République.

Toutefois, le projet, la proposition ou la pétition n'est pas soumis au référendum lorsque l'Assemblée Nationale et le Sénat réunis en Congrès l'approuvent à la majorité des trois cinquième des membres les composant.

Article 219 : Aucune révision ne peut intervenir pendant l'état de guerre, l'état d'urgence ou l'état de siège ni pendant l'intérim à la présidence de la République ni lorsque l'Assemblée nationale et le Sénat se trouvent empêchés de se réunir librement.

Article 220 : La forme républicaine de l'Etat, le principe du suffrage universel, la forme représentative du Gouvernement, le nombre et la durée des mandats du Président de la République, l'indépendance du Pouvoir judiciaire, le pluralisme politique et syndical, ne peuvent faire l'objet d'aucune révision constitutionnelle.

Est formellement interdite toute révision constitutionnelle ayant pour objet ou pour effet de réduire les droits et libertés de la personne, ou de réduire les prérogatives des provinces et des entités territoriales décentralisées.

Titre VIII : Des dispositions transitoires et finales

Article 221 : Pour autant qu'ils ne soient pas contraires à la présente Constitution, les textes législatifs et réglementaires en vigueur restent maintenus jusqu'à leur abrogation ou leur modification.

Article 222 : Les institutions politiques de la transition restent en fonction jusqu'à l'installation effective des institutions correspondantes prévues par la présente Constitution et exercent leurs attributions conformément à la Constitution de la Transition.

Les institutions d'appui à la démocratie sont dissoutes de plein droit dès l'installation du nouveau Parlement.

Toutefois, par une loi organique, le Parlement pourra, s'il échet, instituer d'autres institutions d'appui à la démocratie.

Article 223 : En attendant l'installation de la Cour constitutionnelle, du Conseil d'Etat et de la Cour de cassation, la Cour suprême de justice exerce les attributions leur dévolues par la présente Constitution.

Article 224 : En attendant l'installation des juridictions de l'ordre administratif, les Cours d'appel exercent les compétences dévolues aux Cours administratives d'appel.

Article 225 : La Cour de sûreté de l'Etat est dissoute dès l'entrée en vigueur de la présente Constitution.

Article 226 : les dispositions de l'alinéa premier de l'article 2 de la présente constitution entreront en vigueur endéans trente-six mois qui suivront l'installation effective des institutions politiques prévues par la présente constitution.

Une loi de programmation détermine les modalités d'installation de nouvelles provinces citées à l'article 2 de la présente Constitution.

En attendant, la République Démocratique du Congo est composée de la Ville de Kinshasa et de dix provinces suivantes dotées de la personnalité juridique : Bandundu, Bas-Congo, Equateur, Kasaï Occidental, Kasaï Oriental, Katanga, Maniema, Nord-Kivu, Province Orientale et Sud-Kivu.

Article 227 : Les provinces telles qu'énumérées par l'article 2 de la présente Constitution constituent les circonscriptions électorales des sénateurs de la première législature.

La loi électorale détermine les conditions d'attribution d'un quota additionnel à la ville de Kinshasa pour les élections des sénateurs.

Article 228 : Sans préjudice des dispositions de l'article 222 alinéa 1, la Constitution de la Transition du 04 avril 2003 est abrogée.

Article 229 : La présente Constitution, adoptée par référendum, entre en vigueur dès sa promulgation par le Président de la République.

Annexe II

Décret du 30 janvier 1940 tel que modifié et complété à ce jour

Code pénal livre premier des infractions et de la répression en général

Section i : dispositions générales

Article 1er : Nulle infraction ne peut être punie des peines qui n'étaient pas portées par la loi avant que l'infraction fût commise.

Article 2 : L'infraction commise sur le territoire de la République est punie conformément à la loi.

Article 3 : Toute personne qui, hors du territoire de la République Démocratique du Congo, s'est rendue coupable d'une infraction pour laquelle la loi Congolaise prévoit une peine de servitude pénale de plus de deux mois, peut être poursuivie et jugée en République Démocratique du Congo, sauf application des dispositions légales sur l'extradition.

La poursuite ne peut être intentée qu'à la requête du ministère public.

Quand l'infraction est commise contre un particulier et que la peine maximum prévue par la loi congolaise est de cinq ans de servitude pénale au moins, cette requête doit être précédée d'une plainte de la partie offensée ou d'une dénonciation officielle de l'autorité du pays où l'infraction a été commise.

Toutefois, pour les infractions autres que celles du titre VIII et des deux premières sections du titre III du deuxième livre du code pénal, aucune poursuite n'a lieu si l'inculpé justifie qu'il a été jugé définitivement à l'étranger et, en cas de condamnation, qu'il a subi ou prescrit sa peine ou obtenu sa grâce.

Sauf dans les cas prévus par le titre VIII et les deux premières sections du titre III du deuxième livre du code pénal, la poursuite n'a lieu que si l'inculpé est trouvé en République Démocratique du Congo.

Article 4 : Il y a tentative punissable lorsque la résolution de commettre l'infraction a été manifestée par des actes extérieurs, qui forment un commencement d'exécution de cette infraction et qui n'ont été suspendus ou qui n'ont manqué leur effet que par des circonstances indépendantes de la volonté de l'auteur.

La tentative est punie de la même peine que l'infraction consommée.

Section II : Des peines

Article 5 : Les peines applicables aux infractions sont :

- la mort ;

- les travaux forcés;

- la servitude pénale;

- l'amende; - la confiscation spéciale;

- l'obligation de s'éloigner de certains lieux ou d'une certaine région;

- la résidence imposée dans un lieu déterminé;

- la mise à la disposition de la surveillance du gouvernement.

§ 1. De la peine de mort

Article 6 : Le condamné à mort est exécuté suivant le mode déterminé par le Président de la République.

§2. Des travaux forcés.

Article 6 bis : La peine de travaux forcés est d'un an au minimum et de vingt ans au maximum.

Les condamnés aux travaux forcés subissent leur peine conformément au règlement fixé par l'ordonnance du Président de la République.

L'exécution de la peine de travaux forcés ne peut être assimilée, ni confondue avec la peine de servitude pénale.

Toutefois, toute détention subie avant la condamnation définitive par suite de l'infraction qui donne lieu à cette condamnation, sera imputée, pour la totalité, sur la durée de la peine de travaux forcés prononcée.

§3. De la servitude pénale.

Article 7 : La servitude pénale est au minimum d'un jour d'une durée de vingt-quatre heures.

Article 8 : Les condamnés à la servitude pénale subissent leur peine dans les prisons déterminées par le Président de la République.

Ils sont employés, soit à l'intérieur de ces établissements, soit au dehors, à l'un des travaux autorisés par les règlements de l'établissement ou déterminés par le Président de la République, à moins qu'ils n'en soient dispensés par le Président de la République dans des cas exceptionnels.

Article 9 : Toute détention subie avant que la condamnation soit devenue irrévocable, par suite de l'infraction qui donne lieu à cette condamnation, sera imputée, pour la totalité, sur la durée de servitude pénale prononcée.

§. 4 De l'amende.

Article 10 : L'amende est de un zaïre au moins. Les amendes sont perçues au profit de la République.

Article 11 : L'amende est prononcée individuellement contre chacun des condamnés à raison d'une même infraction.

Article 12 : A défaut de paiement dans le délai de huitaine qui suit la condamnation devenue irrévocable et, dans le cas d'un jugement immédiatement exécutoire, dans la huitaine qui suit le prononcé du jugement, l'amende peut être remplacée par une servitude pénale dont la durée sera fixée par le jugement de condamnation, d'après les circonstances et le montant de l'amende infligée au condamné.

Article 13 : La durée de la servitude pénale subsidiaire n'excède jamais six mois. Dans tous les cas, le condamné peut se libérer de cette servitude en payant l'amende. Il ne peut se soustraire aux poursuites sur ses biens en offrant de subir la servitude pénale. Article 1er de l'Ordonnance-loi n° 79/007 du 6 juillet 1979 modifiant l'Ordonnance-loi n° 70/080 du 30 novembre 1970 fixant l'expression monétaire et le taux de majoration des amendes pénales (J.O. n° 14 du 15 juillet 1979, page 11) - L'unité monétaire en vigueur est le Franc congolais : Décret-loi n° 080 du 17 juin 1998 instituant une nouvelle unité monétaire en République Démocratique du Congo (J.O. Numéro Spécial 30 juin 1998, page 7)

§5. De la confiscation spéciale.

Article 14 : La confiscation spéciale s'applique uniquement : - aux choses formant l'objet de l'infraction et à celles qui ont servi ou qui ont été destinées à la commettre quand la propriété en appartient au condamné ; - aux choses qui ont été produites par l'infraction. La confiscation spéciale est prononcée pour toute infraction dont l'existence est subordonnée à l'intention délictueuse. Elle n'est prononcée, pour les autres infractions, que dans les cas déterminés par le législateur.

§.6. De l'obligation de s'éloigner de certains lieux ou d'une certaine région ou d'habiter dans un lieu déterminé.

Article 14 a) : Lorsque l'infraction est punissable d'une peine de servitude pénale principale de six mois au minimum ou lorsque la peine méritée ne doit pas dépasser six mois en raison des circonstances, les cours et tribunaux peuvent substituer à la servitude pénale, l'obligation de s'éloigner de certains lieux ou d'une certaine région ou celle de résider dans un lieu déterminé pendant une durée maximum d'un an;

Article 14 b) : Outre la peine de servitude pénale, les mêmes peines peuvent être prononcées, à charge de quiconque a commis, depuis dix ans au moins deux infractions qui ont entraîné chacune une servitude pénale d'au moins six mois.

Article 14 c) : Les peines prévues par la présente section prennent cours, lorsqu'elles sont prononcées en vertu de l'article 14 a), à la date fixée par le jugement.

Lorsqu'elles sont prononcées en vertu de l'article 14 b) elles prennent cours à la date à laquelle le condamné est libéré, soit définitivement, par expiration ou remise de la peine de servitude pénale, soit conditionnellement.

La réincarcération du condamné, pour quelque cause que ce soit, n'entraîne pas prolongation de la durée de ces peines.

§. 7. De la mise à la disposition du Gouvernement.

Article 14 d) : Quiconque ayant commis depuis dix ans, au moins trois infractions qui ont entraîné chacune une servitude pénale d'au moins dix mois, présente en outre une tendance persistante à la délinquance peut, par l'arrêt ou le jugement de condamnation, être mis à la disposition du Gouvernement, pour un terme de cinq à dix ans après l'expiration de la peine de servitude pénale.

Les procédures relatives aux condamnations servant de base à la mise à la disposition du Gouvernement sont jointes au dossier de la poursuite et les motifs de la décision sont spécifiés dans celle-ci par l'indication des circonstances qui établissent la tendance persistante à la délinquance.

Article 14 e) : Lorsqu'un condamné a été mis à la disposition du Gouvernement par deux décisions successives pour des infractions non concurrentes, si la mise à la disposition du Gouvernement prononcée par la décision première en date n'a pas atteint son terme à l'expiration de la peine de servitude pénale prononcée par la seconde décision, la seconde mise à la disposition du Gouvernement ne prend cours qu'à l'expiration de la première.

Article 14 f) : Lorsque le condamné est libéré conditionnellement, la peine de mise à la disposition du Gouvernement prend cours à la date de la libération conditionnelle.

Son exécution est suspendue en cas de révocation de la libération conditionnelle à partir de l'arrestation.

Article 14 g) : Lorsque, pendant l'exécution de la mise à la disposition du Gouvernement, le condamné est arrêté même préventivement, en vertu d'une décision judiciaire, l'exécution de la peine de la mise à la disposition du Gouvernement est suspendue pendant la durée de la détention.

Article 14 h) : Le délinquant d'habitude mis à la disposition du Gouvernement est interné s'il y a lieu dans un établissement désigné par le Président de la République.

Article 14 i) : A l'expiration de la peine principale, le Gouverneur de province dans le ressort de laquelle le condamné est détenu, décide s'il est mis en liberté ou interné.

S'il est mis en liberté, il peut pour cause d'inconduite, être interné par décision du Commissaire de District du ressort où a eu lieu l'inconduite. Le Commissaire de District prend avis du ministère public. L'intéressé peut introduire un recours contre cette décision devant le Gouverneur de province. Les formes de ce recours sont déterminées par le Président de la République.

Article 14 j) : Le délinquant d'habitude mis à la disposition du Gouvernement peut demander à être relevé des effets de cette décision. A cette fin, il adresse sa demande au Procureur Général près la Cour d'Appel, dans le ressort de laquelle siège la juridiction qui a prononcé la mise à la disposition du Gouvernement. Le Procureur Général prend toutes les informations qu'il estime nécessaires, les joint au dossier qu'il soumet à la Cour, avec ses réquisitions. La Cour statue par arrêt motivé, l'intéressé entendu ou dûment cité.

La demande ne peut être introduite que trois ans après l'expiration de la peine principale. Elle peut ensuite être renouvelée de trois en trois ans.

Article 14 k) : Le Président de la République détermine les mesures de surveillance des personnes qui ont fait l'objet des mesures prévues par l'article 5, 5°, 6° et 7° du code pénal.

Section III : Des restitutions et des dommages-intérêts

Article 15 : Toute condamnation pénale est prononcée sans préjudice des restitutions et dommages-intérêts qui peuvent être dûs aux parties.

Le tribunal fixe le montant des dommages -intérêts.

Article 16 : L'exécution des condamnations aux restitutions, aux dommages - intérêts et aux frais peut être poursuivie par la voie de la contrainte par corps.

Article 17 : La durée de la contrainte par corps est déterminée par le jugement; elle ne peut excéder six mois. Le condamné qui justifiera de son insolvabilité est mis en liberté après avoir subi sept jours de contrainte.

La contrainte par corps est assimilée, pour son exécution, à la servitude pénale.

Section IV : Des circonstances atténuantes

Article 18 : S'il existe des circonstances atténuantes, la peine de mort pourra être remplacée par la servitude pénale à perpétuité ou par une servitude pénale dont le juge déterminera la durée.

Les peines de servitude pénale et d'amende pourront être réduite dans la mesure déterminée par le juge.

Il ne sera pas prononcé, toutefois, de peine de servitude pénale de moins d'un jour, ni de peine d'amende de moins d'un Zaïre. Article 19 : Tout jugement admettant des circonstances atténuantes les indiquera et les énumérera.

Section V : Du concours de plusieurs infractions

Article 20 : Lorsque le même fait constitue plusieurs infractions, la peine la plus forte sera seule prononcée.

Lorsqu'il y a concours de plusieurs faits constituant chacun une ou plusieurs infractions, le juge prononcera une peine pour chaque fait et il cumulera les peines prononcées, sous réserve de l'application des dispositions suivantes:

- la peine de mort et la servitude pénale à perpétuité absorbent toute peine privative de liberté;

- la somme des peines de servitude pénale à temps et des amendes cumulées ne pourra dépasser le double du maximum de la peine la plus forte prévue par la loi, ni être supérieure, en ce qui concerne la servitude pénale principale, à vingt ans, en ce qui concerne l'amende, à vingt mille zaïres, en ce qui concerne la servitude pénale subsidiaire, à six mois;

- le juge ramènera à ce maximum, s'il y échet, la somme des peines prononcées;

- les peines de confiscation spéciale seront cumulées intégralement.

- La somme des peines d'obligations de s'éloigner de certains lieux ou d'une certaine région ou d'habiter dans un lieu déterminé, ne pourra dépasser un an;

- la somme des peines de mise à la disposition du gouvernement ne pourra être supérieure à dix ans.

Toute peine de mise à la disposition du gouvernement absorbera les peines d'obligation de s'éloigner de certains lieux ou d'une certaine région ou d'habiter dans un lieu déterminé.

Section vi : De la participation de plusieurs personnes à la même infraction

Article 21 : Sont considérés comme auteurs d'une infraction :

- ceux qui l'auront exécutée ou qui auront coopéré directement à son exécution;

- ceux qui, par un fait quelconque, auront prêté pour l'exécution une aide telle que, sans leur assistance, l'infraction n'eût pu être commise;

- ceux qui, par offres, dons, promesses, menaces, abus d'autorité ou de pouvoir, machinations ou artifices coupables, auront directement provoqué cette infraction;

- ceux qui, soit par des discours tenus dans des réunions ou dans des lieux publics, soit par des placards affichés, soit par des écrits, imprimés ou non et vendus ou distribués, soit par des dessins ou des emblèmes, auront provoqué directement à la commettre, sans préjudice des peines qui pourraient être portées par décrets ou arrêtés contre les auteurs de provocations à des infractions, même dans le cas où ces provocations ne seraient pas suivies d'effets.

Article 22 : Seront considérés comme complices :

- ceux qui auront donné des instructions pour la commettre;

- ceux qui auront procuré des armes, des instruments ou tout autre moyen qui a servi à l'infraction sachant qu'ils devaient y servir;

- ceux qui, hors le cas prévu par l'alinéa 3 de l'article 22, auront avec connaissance aidé ou assisté l'auteur ou les auteurs de l'infraction dans les faits qui l'ont préparée ou facilitée ou dans ceux qui l'ont consommée;

- ceux qui, connaissant la conduite criminelle des malfaiteurs exerçant des brigandages ou des violences contre la sûreté de l'Etat, la paix publique, les personnes ou les propriétés, leur auront fourni habituellement logement, lieu de retraite ou de réunion.

Article 23 : Sauf disposition particulière établissant d'autres peines, les coauteurs et complices seront punis comme suit :

- les coauteurs, de la peine établie par la loi à l'égard des auteurs;

- les complices, d'une peine qui ne dépassera pas la moitié de la peine qu'ils auraient encourue s'ils avaient été eux-mêmes auteurs;

- lorsque la peine prévue par la loi est la mort ou la servitude pénale à perpétuité, la peine applicable au complice sera la servitude pénale de dix à vingt ans.

Section VII : De la prescription des infractions et des peines

Article 24 : L'action publique résultant d'une infraction sera prescrite :

- après un an révolu, si l'infraction n'est punie que d'une peine d'amende, ou si le maximum de la servitude pénale applicable ne dépasse pas une année;

- après trois ans révolus, si le maximum de la servitude pénale applicable ne dépasse pas cinq années;

- après dix ans révolus, si l'infraction peut entraîner plus de cinq ans de servitude pénale ou la peine de mort.

Article 25 : Les délais de la prescription commenceront à courir du jour où l'infraction a été commise.

Article 26 : La prescription sera interrompue par des actes d'instruction ou de poursuite faits dans les délais de un, ou trois, ou dix ans, à compter du jour où l'infraction a été commise.

Le jour où l'infraction a été commise est compris dans le délai de la prescription.

Article 27 : Les peines d'amende de moins de cinq cents zaïres se prescriront par deux ans révolus; les peines d'amende de cinq cents zaïres et plus se prescriront par quatre ans révolus.

Article 28 : Les peines de servitude pénale de dix ans ou moins se prescrivent par un délai double de la peine prononcée, sans que le délai puisse être inférieur à deux années.

Article 29 : Les peines de servitude pénale de plus de dix ans se prescriront par vingt ans et les peines perpétuelles par vingt-cinq ans.

Article 30 : Les délais des articles 26, 27, 28 et 29 courront de la date du jugement rendu en dernier ressort ou à compter du jour où le jugement rendu en première instance ne pourra plus être attaqué par la voie de l'appel.

Article 31 : La peine de la confiscation spéciale se prescrira dans le même délai que la peine dont elle est l'accessoire.

Article 32 : Si le condamné qui subissait sa peine est parvenu à s'évader, la prescription commence à courir le jour de l'évasion.

Article 33 : La prescription de la peine sera interrompue par l'arrestation du condamné.

Article 34 : Les condamnations civiles prononcées par la juridiction répressive se prescrivent selon les règles du code civil.

Section VIII : De la libération conditionnelle

Article 35 : Les condamnés qui ont à subir une ou plusieurs peines comportant privation de liberté, peuvent être mis en liberté conditionnellement, lorsqu'ils ont accompli le quart de ces peines pourvu que la durée de l'incarcération déjà subie dépasse trois mois.

Les condamnés à perpétuité pourront être mis en liberté conditionnellement lorsque la durée de l'incarcération déjà subie par eux dépassera cinq ans.

La durée de l'incarcération prescrite aux deux alinéas précédents pourra être réduite lorsqu'il sera justifié qu'une incarcération prolongée pourrait mettre en péril la vie du condamné.

Article 36 : La mise en liberté peut toujours être révoquée pour cause d'inconduite ou d'infraction aux conditions énoncées dans le permis de libération.

Article 37 : La libération définitive est acquise au condamné si la révocation n'est pas intervenue avant l'expiration d'un délai égal au double du terme d'incarcération que celui-ci avait encore à subir à la date à laquelle la mise en liberté a été ordonnée en sa faveur.

Article 38 : La mise en liberté est, pour les condamnés par les juridictions civiles quelle que soit leur qualité, accordée par le Ministre de la justice du parquet et du directeur de l'établissement pénitentiaire.

Elle est révoquée par la même autorité après avis du parquet.

La réintégration a lieu, en vertu de l'arrêté de révocation, pour l'achèvement du terme d'incarcération que l'exécution de la peine comportait encore à la date de la libération.

Article 39 : L'arrestation provisoire du libéré conditionnel peut être ordonnée par le Procureur de la République ou l'un de ses substituts à la charge d'en donner immédiatement avis au Ministre de la justice.

Article 40 : La prescription des peines ne court pas pendant que le condamné se trouve en liberté, en vertu d'un ordre de libération qui n'a pas été révoqué.

Article 41 : Le Président de la République détermine la forme des permis de libération, les conditions auxquelles la libération pourra être soumise et le mode de surveillance des libérés conditionnels.

Section IX : De la condamnation conditionnelle

Article 42 : Les cours et tribunaux, en condamnant à une ou plusieurs peines de servitude pénale principale ou subsidiaire, pourront ordonner, par décision motivée, qu'il sera sursis à l'exécution de l'arrêt ou du jugement en ce qui concerne cette ou ces peines pendant un délai dont ils fixeront la durée à compter de la date du prononcé de l'arrêt ou du jugement, mais qui ne pourra excéder cinq années.

L'octroi du sursis est subordonné aux conditions ci-après :

- qu'il ne soit pas prononcé contre le condamné une peine de servitude pénale principale supérieure à un an ;

- que le condamné n'ait antérieurement encouru aucune condamnation à la servitude pénale principale, du chef d'une infraction, commise dans la République, punissable, indépendamment de l'amende, d'une servitude pénale de plus de deux mois.

L'arrêt ou le jugement portant condamnation ne sera pas exécuté, en ce qui regarde la ou les peines de servitude pénale, si, pendant le délai fixé, le condamné n'encourt pas de condamnation nouvelle du chef d'infractions punissables, indépendamment de l'amende, d'une servitude pénale de plus de deux mois.

Dans le cas contraire, les peines pour lesquelles le sursis aura été accordé et celles qui auront fait l'objet de la condamnation nouvelle seront cumulées.

En cas de sursis applicable à la servitude pénale subsidiaire, la suspension de la prescription s'étend à l'amende.

Section X : Du défaut de pertinence, de la qualité officielle et « de l'ordre hiérarchique en matière d'infractions relatives aux violences sexuelles (Ajouté par l'article 1er de la Loi n° 06/018 du 20 juillet 2006 modifiant et complétant le Décret du 30 janvier 1940 portant Code Pénal Congolais)

Article 42 (bis) « La qualité officielle de l'auteur d'une infraction relative aux violences sexuelles ne peut en aucun cas l'exonérer de la responsabilité pénale ni constituer une cause de diminution de la peine.

Article 42 (ter) « L'ordre hiérarchique ou le commandement d'une Autorité légitime civile ou militaire n'exonère nullement l'auteur d'une infraction relative aux violences sexuelles de sa responsabilité ».

Livre deuxième : Des infractions et de leur répression en particulier

Titre I Des infractions contre les personnes

Section I : De l'homicide et des lésions corporelles volontaires

Article 43 : Sont qualifiés volontaires, l'homicide commis et les lésions causées avec le dessein d'attenter à la personne d'un individu déterminé ou de celui qui sera trouvé ou rencontré, quand même ce dessein serait dépendant de quelque circonstance ou de quelque condition et lors même que l'auteur se serait trompé dans la personne de celui qui a été victime de l'attentat.

Articles 44 et 45*[3] : L'homicide commis avec l'intention de donner la mort est qualifié meurtre.

Le meurtre commis avec préméditation est qualifié d'assassinat.

Ils sont punis de mort.

Article 46 : Quiconque a volontairement fait des blessures ou porté des coups est puni d'une servitude pénale de huit jours à six mois et d'une amende de vingt-cinq à deux cent zaïres ou d'une de ces peines seulement.

En cas de préméditation, le coupable sera condamné à une servitude pénale d'un mois à deux ans et à une amende de cinquante à cinq cents zaïres.

Article 47 : Si les coups et blessures ont causé une maladie ou une incapacité de travail personnel, ou s'il en est résulté la perte de l'usage absolu d'un organe ou une mutilation grave, les peines seront une servitude pénale de deux ans à cinq ans et une amende qui ne pourra excéder mille zaïres.

Article 48 : Lorsque les coups portés ou les blessures faites volontairement mais sans intention de donner la mort l'ont pourtant causée, le coupable sera puni d'une servitude pénale de cinq ans à vingt ans et d'une amende qui ne pourra excéder deux mille zaïres.

---

[3] * Les articles 44 et 45 ont été fusionnés par l'article 1er de l'ordonnance-loi n° 68 - 193 du 3 mai 1968 portant modification des articles 44, 45, 81 5°, 145, 157, 158 du Code Pénal Congolais M.C. n° 14 du 15 juillet 1968, page 1324

Article 49 : Est qualifié empoisonnement, le meurtre commis par le moyen de substances qui peuvent donner la mort plus ou moins promptement, de quelque manière que ces substances aient été employées ou administrées. Il sera puni de mort.

Article 50 : Sera puni d'une servitude pénale de un an à vingt ans et d'une amende de cent à deux mille zaïres quiconque aura administré volontairement des substances qui peuvent donner la mort ou des substances qui, sans être de nature à donner la mort, peuvent cependant gravement altérer la santé.

Article 51 : Sont punissables au maximum d'une servitude pénale de sept jours et d'une amende de cent zaïres ou d'une de ces peines seulement les auteurs de voies de fait ou violences légères exercées volontairement, pourvu qu'ils n'aient blessé ni frappé personne, particulièrement, mais sans intention de l'injurier, lancé sur une personne un objet quelconque de nature à l'incommoder ou à la souiller.

Section II : De l'homicide et des lésions corporelles involontaires

Article 52 : Est coupable d'homicide ou de lésions involontaires celui qui a causé le mal par défaut de prévoyance ou de précaution, mais sans intention d'attenter à la personne d'autrui.

Article 53 : Quiconque aura involontairement causé la mort d'une personne sera puni d'une servitude pénale de trois mois à deux ans et d'une amende de cinquante à mille zaïres.

Article 54 : S'il n'est résulté du défaut de prévoyance ou de précaution que des coups ou des blessures, le coupable sera puni d'une servitude pénale de huit jours à un an et d'une amende de cinquante à cinq cents zaïres, ou d'une de ces peines seulement.

Article 55 : Sera puni des mêmes peines ou de l'une d'elles seulement celui qui aura involontairement causé à autrui une maladie ou une incapacité de travail personnel en lui administrant des substances qui sont de nature à donner la mort ou à altérer gravement la santé.

Article 56 : Sont punissables au maximum d'une servitude pénale de deux jours ou d'une amende de vingt-cinq zaïres ceux qui, imprudemment, auront jeté sur une personne une chose quelconque pouvant l'incommoder ou la souiller.

Section III : Des épreuves superstitieuses et des pratiques barbares

Article 57 : Seront punis d'une servitude pénale d'un mois à deux ans et d'une amende de vingt-cinq à deux cents zaïres ou d'une de ces peines seulement, les auteurs de toute épreuve superstitieuse consistant à soumettre, de gré ou de force, une personne à un mal physique réel ou supposé, en vue de déduire des effets produits l'imputabilité d'un acte ou d'un événement ou toute autre conclusion.

Si l'épreuve a causé une maladie ou une incapacité de travail personnel, ou s'il en est résulté la perte de l'usage absolu d'un organe ou une mutilation grave, les auteurs seront punis d'une servitude pénale de deux mois à vingt ans et d'une amende de cent à deux mille zaïres, ou d'une de ces peines seulement.

Ils seront punis de mort si l'épreuve a causé la mort.

Article 58 : Sont auteurs ou complices de l'épreuve superstitieuse visée à l'article 57 ceux qui y ont participé selon les modes prévus aux articles 21 et 22 du livre premier du code pénal.

Sont considérés également comme auteurs ou complices de l'épreuve superstitieuse visée à l'article 57 ceux qui, de quelque façon que ce soit, ont à dessein fait naître la résolution de la réclamer, de l'ordonner ou de la pratiquer.

N'est considérée ni comme auteur ni comme complice la personne qui a consenti à subir le mal physique constitutif de l'épreuve.

Article 59 : Quand une épreuve superstitieuse, qu'elle soit ou non constitutive d'infraction, est la cause directe d'une infraction, ceux qui ont participé à l'épreuve seront punis comme complices de l'infraction consécutive, à moins qu'ils n'aient pas pu prévoir qu'elle serait commise.

Il n'y a pas lieu à poursuite lorsque l'infraction consécutive à l'épreuve est un vol ou une détention non accompagnée de sévices sur les personnes ou une autre infraction moins grave.

Article 60 : Sont considérés comme ayant participé à l'épreuve superstitieuse non constitutive d'infraction visée à l'article 59 ceux qui y ont prêté leur concours selon les modes prévus aux articles 21 et 22 du livre premier du code pénal et ceux qui, de quelque façon que ce soit, ont à dessein fait naître la résolution de réclamer, d'ordonner ou de pratiquer l'épreuve.

Article 61 : Sera puni d'une servitude pénale de deux mois à deux ans et d'une amende de vingt-cinq à cinq cents zaïres, ou d'une de ces peines seulement, quiconque aura méchamment mutilé un cadavre humain.

Article 62 : Sans préjudice à l'application des peines frappant l'assassinat ou le meurtre, sera puni d'une servitude pénale de six mois à trois ans et d'une amende de cent à mille zaïres, ou d'une de ces peines seulement, quiconque aura provoqué ou préparé des actes d'anthropophagie, y aura participé, ou aura été trouvé en possession de chair destinée à des actes d'anthropophagie.

Section IV : Du duel

Article 63 : La provocation en duel sera punie d'une amende de cinquante à trois cents zaïres.

Article 64 : Celui qui, par une injure quelconque, aura donné lieu à la provocation sera puni d'une amende de cent à cinq cents zaïres.

Article 65 : Celui qui se sera battu en duel sera puni d'une servitude pénale d'un mois à trois ans et d'une amende de cinquante à mille zaïres, ou d'une de ces peines seulement.

Article 66 : Celui qui, dans un duel, aura donné la mort à son adversaire sera puni d'une servitude pénale de trois mois à cinq ans et d'une amende de mille à deux mille zaïres, ou d'une de ces peines seulement.

Section IV bis : De la non-assistance a personne en danger

Article 66 bis : Sera puni d'une servitude pénale de trois mois à un an et d'une amende de cinq à cinquante zaïres, ou de l'une de ces peines seulement, quiconque, pouvant empêcher par son action immédiate, sans risque pour lui ni pour les tiers, une infraction contre l'intégrité corporelle de la personne, s'abstient volontairement de le faire.

Article 66 ter : Sera puni d'une servitude pénale de trois mois à deux ans et d'une amende de cinq à cinquante zaïres ou de l'une de ces peines seulement, quiconque s'abstient volontairement de porter à une personne en péril l'assistance que, sans risque pour lui ni pour les tiers, il pouvait lui prêter, soit par son action personnelle, soit en provoquant un secours.

Article 66 quater : Si les infractions prévues aux articles précédents sont commises par une personne chargée par état ou par profession d'assister les autres en danger, la peine sera la servitude pénale d'un à trois ans et l'amende de cinq à cent zaïres.

Article 66 quinquies : Sera puni des peines prévues à l'article 66 bis celui qui, connaissant la preuve de l'innocence d'une personne incarcérée provisoirement ou jugée pour infraction punissable d'au moins un an, s'abstient volontairement d'en apporter aussitôt le témoignage aux autorités de justice ou de la police judiciaire. Toutefois, aucune peine ne sera prononcée contre celui qui apportera son témoignage tardivement, mais spontanément.

Section V : Des attentats à la liberté individuelle et a l'inviolabilité du domicile

Article 67 : Est puni d'une servitude pénale d'un à cinq ans celui qui, par violences, ruses ou menaces, a enlevé ou fait enlever, arrêté ou fait arrêter arbitrairement, détenu ou fait détenir une personne quelconque.

Lorsque la personne enlevée, arrêtée ou détenue aura été soumise à des tortures corporelles, le coupable est puni d'une servitude pénale de cinq à vingt ans. Si les tortures ont causé la mort, le coupable est condamné à la servitude pénale à perpétuité ou à mort.

Article 68 : Est puni des peines prévues par et selon les distinctions de l'article précédent celui qui a enlevé ou fait enlever, arrêté ou fait arrêter, détenu ou fait détenir des personnes quelconques pour les vendre comme esclaves ou qui a disposé de personnes placées sous son autorité dans le même but.

Article 69 : Sera puni d'une servitude pénale de huit jours à deux ans et d'une amende de trois cents zaïres au maximum ou d'une de ces peines seulement celui qui, sans ordre de l'autorité et hors les cas où la loi permet d'entrer dans le domicile des particuliers contre leur volonté, se sera introduit dans une maison, une chambre ou un logement habité par autrui ou leurs dépendances, soit à l'aide de menaces ou de violences contre les personnes, soit au moyen d'effraction, d'escalade ou de fausses clefs.

Article 70 : Tout individu qui, hors les cas prévus à l'article 69, pénètre contre la volonté de l'occupant dans une maison, un appartement, une chambre, une case, une cabane, un logement ou leurs dépendances clôturées, est puni d'une servitude pénale de sept jours au maximum et d'une amende de deux cents zaïres au plus ou d'une de ces peines seulement.

Section VI : Des attentats à l'inviolabilité du secret des lettres

Article 71 : Toute personne qui, hors les cas prévus par la loi, aura ouvert ou supprimé des lettres, des cartes postales ou autres objets confiés à la poste, ou ordonné ou facilité l'ouverture ou la suppression de ces lettres, cartes et objets sera punie d'une amende qui ne dépassera pas deux mille zaïres pour chaque cas. L'amende pourra être portée à cinq mille zaïres si la lettre ou l'envoi était recommandé ou assuré ou s'il renfermait des valeurs réalisables.

Indépendamment de l'amende, le délinquant pourra être puni d'une servitude pénale de trois mois au plus s'il est agent des postes ou officiellement commissionné comme tel.

Article 72 : Tout agent des postes ou toute personne officiellement commissionnée pour assurer le service postal qui, hors le cas où la loi l'y obligerait, aura révélé l'existence ou le contenu d'une lettre, d'une carte postale ou de tout autre envoi confié à la poste sera puni d'une servitude pénale d'un mois au plus et d'une amende qui ne dépassera pas deux mille zaïres ou d'une de ces peines seulement.

Section VII : De la révélation du secret professionnel

Article 73 : Les personnes dépositaires par état ou par profession des secrets qu'on leur confie qui, hors le cas où elles sont appelées à rendre témoignage en justice et celui où la loi les oblige à faire connaître ces secrets, les auront révélés, seront punis d'une servitude pénale de un à six mois et d'une amende de mille à cinq mille zaïres, ou d'une de ces peines seulement.

Section VIII : Des imputations dommageables et des injures

Article 74 : Celui qui a méchamment et publiquement imputé à une personne un fait précis qui est de nature à porter atteinte à l'honneur ou à la considération de cette personne, ou à l'exposer au mépris public, sera puni d'une servitude pénale de huit jours à un an et d'une amende de vingt-cinq à mille zaïres ou d'une de ces peines seulement.

Article 75 : Quiconque aura publiquement injurié une personne sera puni d'une servitude pénale de huit jours à deux mois et d'une amende n'excédant pas cinq cents zaïres ou d'une de ces peines seulement.

Article 76 : Sera puni d'une servitude pénale de cinq ans au maximum et d'une amende de vingt-cinq à mille zaïres ou d'une de ces peines seulement :

celui qui aura fait par écrit ou verbalement à une autorité judiciaire ou à un fonctionnaire public, qui a le devoir d'en saisir ladite autorité, une dénonciation calomnieuse;

celui qui aura fait par écrit ou verbalement à une personne des imputations calomnieuses contre son subordonné.

Article 77 : Sera puni d'une servitude pénale de huit jours et d'une amende de deux cents zaïres au maximum ou d'une de ces peines seulement celui qui aura dirigé contre une personne des injures autres que celles prévues dans les dispositions précédentes de la présente section.

Article 78 : Quiconque abusant des croyances superstitieuses de la population, aura, sans fondement réel, imputé à une personne un acte ou un événement vrai ou imaginaire, sachant que cette imputation inciterait autrui à commettre une infraction, sera considéré comme complice de l'infraction ainsi provoquée.

Titre II Des infractions contre les propriétés

Section I : Des vols et des extorsions

Article 79 : Quiconque a soustrait frauduleusement une chose qui ne lui appartient pas est coupable de vol.

Article 80 : Les vols commis sans violences ni menaces sont punis d'une servitude pénale de cinq ans au maximum et d'une amende de vingt-cinq à mille zaïres, ou d'une de ces peines seulement.

Article 81 : La peine pourra être portée à dix années de servitude pénale :

- si le vol a été commis à l'aide d'effraction, d'escalade ou de fausses clefs;

- s'il a été commis la nuit dans une maison habitée ou ses dépendances;

- si le vol a été commis par un fonctionnaire public à l'aide de ses fonctions;

- si les coupables ou l'un d'eux ont pris le titre ou les insignes d'un fonctionnaire public ou ont allégué un faux ordre de l'autorité publique.

Article 81 bis : Le vol à mains armées est puni de mort.

Article 82 : Quiconque a commis un vol à l'aide de violences ou de menaces est puni d'une servitude pénale de cinq à vingt ans et d'une amende qui peut être portée à deux mille zaïres, ou de la première de ces peines seulement.

Article 83 : Le saisi ou les tiers qui auront détourné des objets saisis seront passibles des peines de vol.

Article 84 : Est puni de servitude pénale de cinq à vingt ans et d'une amende qui peut être portée à deux mille zaïres celui qui a extorqué, à l'aide de violences ou de menaces, soit des fonds, valeurs, objets mobiliers, obligations, billets, promesses, quittances, soit la signature ou la remise d'un document quelconque contenant ou opérant obligation, disposition ou décharge.

Article 85 : Le meurtre commis, soit pour faciliter le vol ou l'extorsion, soit pour en assurer l'impunité, est puni de mort.

Section II : Des fraudes

§ 1. De la banqueroute

Article 86 : Sera puni d'une servitude pénale de trois mois à cinq ans et d'une amende de cent à mille zaïres le commerçant déclaré en faillite qui frauduleusement :

- aura détourné ou dissimulé une partie de son actif ou sera reconnu débiteur de sommes qu'il ne devait pas;

- aura soustrait ses livres ou en aura enlevé, effacé ou altéré le contenu.

Article 87 : Sera puni d'une servitude pénale de huit jours à un an et d'une amende de cinquante à cinq cents zaïres ou d'une de ces peines seulement le commerçant déclaré en faillite qui :

- après cessation de ses paiements aura favorisé un créancier au détriment de la masse;

- aura pour ses besoins personnels ou ceux de sa maison fait des dépenses excessives;

- aura consommé de fortes sommes au jeu, à des opérations de pur hasard, ou à des opérations fictives;

- aura, dans l'intention de retarder sa faillite, fait des achats pour revendre au-dessous du cours, dans la même situation, se sera livré à des emprunts, circulations d'effets et autres moyens ruineux de se procurer des fonds;

- aura supposé des dépenses ou des pertes, ou ne justifiera pas de l'existence ou de l'emploi de l'actif de son dernier inventaire et des deniers, valeurs, meubles et effets, de quelque nature qu'ils soient, qui lui seraient avenus postérieurement.

Article 88 : Pourra être puni des peines prévues à l'article 87 le commerçant déclaré en faillite :

- qui n'aura pas tenu les livres ou fait les inventaires prescrits par les articles 1er et 2 du décret du 31 juillet 1912 relatif à la tenue des livres de commerce.

- dont les livres ou les inventaires seront incomplets, irréguliers ou rédigés dans une langue autre que celle dont l'emploi, en cette matière, est prescrit par la loi;

- dont les livres ou les inventaires n'offrent pas sa véritable situation active et passive, sans néanmoins qu'il y ait fraude;

- qui aura contracté, sans recevoir des valeurs en échange, des engagements jugés trop considérables, eu égard à sa situation lorsqu'il les a contractés;

- qui, sans qu'il soit malheureux et de bonne foi, a déjà été antérieurement déclaré en faillite;

- qui, à la suite d'une faillite précédente, n'a pas rempli toutes les obligations d'un concordat en cours ou contre lequel la résolution du concordat a été prononcée;

- qui n'aura pas fait l'aveu de la cessation de ses paiements dans les conditions et les délais prévus par la législation sur la faillite;

- qui, sans cause légitime, se sera absenté sans l'autorisation du juge ou ne se sera pas rendu en personne aux convocations qui lui auront été faites par le juge ou le curateur.

§ 2. Des cas assimilés à la banqueroute

Article 89 : Seront punis des peines prévues à l'article 86 les administrateurs directeurs ou gérants des sociétés à responsabilité limitée, déclarées en faillite, qui, frauduleusement :

- auront détourné ou dissimulé une partie de l'actif de la société ou reconnu la société débitrice des sommes qu'elle ne devait pas;

- auront soustrait les livres de la société ou en auront enlevé, effacé ou altéré le contenu;

- auront omis de publier l'acte de société ou les actes modificatifs de celui-ci dans les formes et délais prévus par la loi;

- auront, dans ces actes, fait des indications contraires à la vérité;

- auront provoqué la faillite de la société.

Article 90 : Seront punis des peines prévues à l'article 87 les administrateurs, directeurs ou gérants des sociétés à responsabilité limitée, déclarées en faillite, qui :

- après cessation des paiements de la société auront favorisé un créancier au détriment de la masse;

- auront engagé la société dans des dépenses ou des frais excessifs;

- auront, pour compte de la société, consommé de fortes sommes au jeu, ou qui auront fait ou auront fait faire pour elle des opérations fictives;

- auront, dans l'intention de retarder la faillite de la société fait des achats pour revendre au-dessous du cours, ou, dans la même intention, se seront livrés à des emprunts, circulations d'effets et autres moyens ruineux de se procurer des fonds;

- auront supposé des dépenses ou des pertes, ou ne justifieront pas de l'existence ou de l'emploi de l'actif du dernier inventaire de la société et des deniers, valeurs, meubles et effets, de quelque nature qu'ils soient, qui seraient postérieurement avenus à la société;

- auront opéré la répartition entre les membres de la société de dividendes non prélevés sur les bénéfices réels.

Article 91 : Pourront être punis des mêmes peines les administrateurs, directeurs ou gérants des sociétés à responsabilité limitée, déclarées en faillite, lorsque par leur faute:

- les livres prévus par l'article 1er du décret du 31 1912 n'auront juillet pas été tenus, les inventaires prescrits par l'article 2 du même décret n'auront pas été faits; qu'ils auront été écrits dans une langue autre que celle dont l'emploi, en cette matière, est prescrit par la loi; qu'ils seront incomplets ou irréguliers; que les mêmes livres et inventaires n'offriront pas la véritable situation active et passive de la société, sans néanmoins qu'il y ait fraude;

- l'aveu de cessation des paiements de la société n'aura pas été fait dans les conditions et les délais prévus par la législation sur la faillite.

Article 92 : Pourront être punis des mêmes peines les administrateurs, directeurs ou gérants des sociétés à responsabilité limitée, déclarées en faillite, qui n'auront pas fourni les renseignements qui leur auront été demandés, soit par le juge, soit par le curateur, ou qui auront donné des renseignements inexacts.

Il en sera de même de ceux qui, sans empêchement légitime, ne se seront pas rendus en personne à la convocation du juge ou du curateur.

Article 93 : Seront punis des peines prévues à l'article 86 :

- ceux qui, dans l'intérêt du failli, auront soustrait, dissimulé ou recelé tout ou partie de ses biens;

- ceux qui, frauduleusement, auront présenté dans la faillite des créances fausses ou exagérées;

- le curateur qui se sera rendu coupable de malversations dans sa gestion.

Article 94 : Seront punis des peines prévues à l'article 87 ceux qui auront stipulé, soit avec le failli, soit avec toutes autres personnes, des avantages particuliers à raison de leur vote dans la déclaration de la faillite, ou qui auront fait un traité particulier duquel résulterait, en leur faveur, un avantage à la charge de la masse.

§ 3. Des abus de confiance

Article 95 : Quiconque a frauduleusement détourné, soit dissipé au préjudice d'autrui des effets, deniers, marchandises, billets, quittances, écrits de toute nature contenant ou opérant obligation ou décharge et qui lui avaient été remis à la condition de les rendre ou d'en faire un usage ou un emploi déterminé, est puni d'une servitude pénale de trois mois à cinq ans et d'une amende dont le montant ne dépasse pas mille zaïres ou d'une de ces peines seulement.

Article 96 : Sera puni des peines portées à l'article précédent quiconque aura vendu ou donné en gage un immeuble qui ne lui appartient pas.

Article 96 bis : Est puni d'une servitude pénale d'un mois à un an et d'une amende de mille à dix mille zaïres ou d'une de ces peines seulement, celui qui, abusant des faiblesses, des passions, des besoins ou de l'ignorance du débiteur, se fait, en raison d'une opération de crédit, d'un contrat de prêt ou de tout autre contrat indiquant une remise de valeur mobilière, quelle que soit la forme apparente du contrat, promettre pour lui-même, ou pour autrui un intérêt ou d'autres avantages excédant manifestement l'intérêt normal.

Dans le cas prévu au présent article le juge, à la demande de toute partie lésée, réduit ses obligations conformément à l'article 131 bis du livre troisième du code civil Congolais.

§ 4. Du détournement de main-d'œuvre.

Article 97 : Sera puni des peines portées à l'article 95 quiconque aura frauduleusement utilisé à son profit ou au profit d'un tiers les services d'engagés mis sous ses ordres par le maître, en vue d'un travail à exécuter par celui-ci ou pour autrui.

§ 5. De l'escroquerie et de la tromperie.

Article 98 : Quiconque, dans le but de s'approprier une chose appartenant à autrui, s'est fait remettre ou délivrer des fonds, meubles, obligations, quittances, décharges, soit en faisant usage de faux noms ou de fausses qualités, soit en employant des manœuvres frauduleuses pour persuader l'existence de fausses entreprises, d'un pouvoir ou d'un crédit imaginaire, pour faire naître l'espérance ou la crainte d'un succès, d'un accident ou de tout autre événement chimérique, pour abuser autrement de la confiance ou de la crédibilité, est puni d'une servitude pénale de trois mois à cinq ans et d'une amende dont le montant ne dépasse pas deux mille zaïres, ou d'une de ces peines seulement.

Article 99 : Est puni d'un an au plus de servitude pénale et d'une amende dont le montant ne dépasse pas mille zaïres, ou d'une de ces peines seulement, celui qui a trompé l'acheteur :

- sur l'identité de la chose vendue, en livrant frauduleusement une chose autre que l'objet déterminé sur lequel a porté la transaction.

- sur la nature ou l'origine de la chose vendue, en vendant ou en livrant frauduleusement une chose qui, semblable en apparence à celle qu'il a achetée ou qu'il a cru acheter, déçoit l'acheteur dans ce qu'il a principalement recherché.

Article 100 : Est puni des peines prévues à l'article précédent celui qui, par des manœuvres frauduleuses, a trompé :

- l'acheteur ou le vendeur sur la quantité des choses vendues;

- les parties engagées dans un contrat de louage d'ouvrage, ou l'une d'elles, sur les éléments qui doivent servir à calculer le salaire.

§ 6. Du recèlement des objets obtenus à l'aide d'une infraction.

Article 101 : Celui qui a recélé en tout ou partie les choses enlevées, détournées ou obtenues à l'aide d'une infraction est puni d'une servitude pénale de cinq ans au maximum et d'une amende qui ne dépasse pas mille zaïres ou d'une de ces peines seulement.

§ 7. Du cel frauduleux.

Article 102 : Seront punis d'une servitude pénale de huit jours à deux ans et d'une amende de vingt-cinq à mille zaïres, ou d'une de ces peines seulement, ceux qui, ayant obtenu par hasard la possession, l'auront frauduleusement celée ou livrée à des tiers.

§ 8. De la grivèlerie.

Article 102 bis : Sera puni d'une servitude pénale de huit jours à six mois et d'une amende de deux cents à trois mille zaïres, ou d'une de ces peines seulement, celui qui, sachant qu'il est dans l'impossibilité de payer, se sera fait servir, dans un établissement à ce destiné, des boissons ou des aliments qu'il y aura consommés en tout ou en partie, se sera fait donner un logement dans un hôtel où il s'est présenté comme voyageur, ou aura pris en location une voiture de louage.

Les infractions prévues à l'alinéa précédent ne pourront être poursuivies que sur la plainte de la partie lésée. Le paiement du prix et des frais de justice avancés par la partie plaignante ou le désistement de celle-ci éteindra l'action publique.

Section III : Destructions, dégradations, dommages

§1. De l'incendie.

Article 103 : Seront punis d'une servitude pénale de quinze à vingt ans ceux qui auront mis le feu soit à des édifices, navires, magasins ou tous autres lieux quelconques servant à l'habitation et contenant une ou plusieurs personnes au moment de l'incendie, soit à tous lieux, même inhabités, si, d'après les circonstances, l'auteur a dû présumer qu'il s'y trouvait une ou plusieurs personnes au moment de l'infraction.

Article 104 : Seront punis d'une servitude pénale de cinq à quinze ans ceux qui auront mis le feu à des édifices ou tous bâtiments quelconques, appartenant à autrui et construits en matériaux durables, mais inhabités au moment de l'incendie.

Si les édifices ne sont pas construits en matériaux durables, les coupables seront punis d'une servitude pénale de trois mois à cinq ans et d'une amende de cent à deux mille zaïres ou d'une de ces peines seulement.

Article 105 : Seront punis des peines portées au deuxième alinéa de l'article précédent ceux qui, en dehors des cas visés par la réglementation sur l'incendie des herbes et végétaux sur pied, auront mis le feu à des forêts, bois, récoltes sur pied, bois abattus ou récoltes coupées.

Article 106 : Seront punis des mêmes peines les propriétaires exclusifs des choses désignées aux articles 104 et 105, qui y auront mis le feu dans une intention méchante ou frauduleuse.

Article 107 : Celui qui, dans l'intention de commettre l'un des faits prévus aux articles 103, 104, 105 et 106, aura mis le feu à des objets quelconques placés de manière à le communiquer à la chose qu'il voulait détruire, sera puni comme s'il avait directement mis le feu à cette dernière chose.

Article 108 : Lorsque l'incendie a causé la mort d'une ou de plusieurs personnes, qui à la connaissance de l'auteur se trouvaient dans les lieux incendiés au moment de l'infraction et si la mort devait être considérée comme une conséquence nécessaire ou probable de celle-ci, le coupable sera puni de la peine de mort ou de la servitude pénale à perpétuité.

Si l'incendie a causé une blessure, la peine de la servitude pénale sera toujours prononcée.

Article 109 : Sera puni d'une servitude pénale de sept jours à trois mois et d'une amende de vingt-cinq à cinq cents zaïres ou d'une de ces peines seulement, l'incendie de propriétés mobilières ou immobilières d'autrui qui aura été causée par défaut de prévoyance ou de précaution.

§ 2. De la destruction des constructions, machines, tombeaux et monuments.

Article 110 : Quiconque aura détruit, renversé ou dégradé, par quelque moyen que ce soit, en tout ou en partie, des bâtiments, ponts, digues, chaussées, chemins de fer, machines, appareils télégraphiques ou téléphoniques ou autres constructions appartenant à autrui, sera puni d'une servitude pénale de cinq ans au maximum et d'une amende de vingt-cinq à mille zaïres ou d'une de ces peines seulement.

Article 111 : Sera puni d'une servitude pénale d'un mois à un an et d'une amende de vingt-cinq à cinq cents zaïres quiconque aura détruit, abattu, mutilé ou dégradé : des tombeaux, signes commémoratifs ou pierres sépulcrales; des monuments, statues ou autres objets destinés à l'utilité ou à la décoration publique.

§ 3. De la destruction et de la dégradation d'arbres, récoltes ou autres propriétés.

Article 112 : Seront punis des peines portées à l'article précédent ceux qui, dans des endroits clôturés ou non-clôturés, auront méchamment détruit ou dégradé des arbres, des récoltes, des instruments d'agriculture ou d'autres biens, meubles ou immeubles appartenant à autrui.

Article 113 : Quiconque aura, même sans intention méchante, détruit ou dégradé, sans titre ni droit, des arbres, des récoltes, des instruments d'agriculture ou d'autres biens, meubles ou immeubles, sera puni d'une servitude pénale de sept jours au maximum et d'une amende qui n'excédera pas deux cents zaïres, ou d'une de ces peines seulement.

§ 4. De la destruction d'animaux.

Article 114 : Sera puni d'une servitude pénale d'un mois à deux ans et d'une amende de vingt-cinq à trois cents zaïres ou d'une de ces peines seulement quiconque aura méchamment et sans nécessité, tué ou gravement blessé des bestiaux ou animaux domestiques appartenant à autrui.

§ 5. De l'enlèvement ou de déplacement des bornes.

Article 115 : Seront punis d'une servitude pénale de cinq ans au maximum et d'une amende de vingt-cinq à mille zaïres ou d'une de ces peines seulement autorisés ceux qui, sans y être valablement autorisés, auront méchamment dégradé des bornes délimitant des terres légalement occupées par eux ou par autrui.

Seront punis des mêmes peines ceux qui sans y être valablement autorisés, auront enlevé ou déplacé, détruit ou dégradé des signaux ou repères géodésiques ou topographiques, ou en auront modifié l'aspect, les indications ou les inscriptions.

Titre III Infractions contre la foi publique

Section I : de la contrefaçon, de la falsification et de l'imitation des signes monétaires

Article 116 : Sont punis d'une servitude pénale de deux à quinze ans et d'une amende de deux mille à quinze mille zaïres, ceux qui ont contrefait ou frauduleusement altéré des monnaies métalliques ayant cours légal en République Démocratique du Congo ou à l'étranger, et ceux qui ont introduit ou émis sur le territoire de la République Démocratique du Congo, des monnaies ainsi contrefaites ou frauduleusement altérées.

Article 117 : Sont punis d'une servitude pénale de cinq à vingt ans et d'une amende de cinq mille à vingt mille zaïres, ceux qui ont frauduleusement contrefait ou falsifié des billets au porteur ayant cours légal en République Démocratique du Congo ou à l'étranger, et ceux qui ont introduit ou émis en République Démocratique du Congo des billets ainsi contrefaits ou falsifiés.

Article 118 : Sont punis d'une servitude pénale d'un mois à trois ans et d'une amende de cent à cinq mille zaïres, ceux qui, sans être coupables de participation, se sont procuré avec connaissance, des monnaies métalliques ou des billets au porteur visés aux articles 116 et 117 et les ont mis ou ont tenté de les mettre en circulation.

Sont punis d'une servitude pénale de huit jours à un an et d'une amende de cent à mille zaïres, ceux qui, dans le but de les mettre en circulation, ont reçu ou se sont procuré des monnaies métalliques ou des billets au porteur visés aux articles 116 et 117.

Article 118 bis : Sont punis d'une servitude pénale de huit jours à un an et d'une amende de cent à mille zaïres ou d'une de ces peines seulement, ceux qui, ayant reçu pour bons des monnaies métalliques ou des billets au porteur ayant cours légal en République Démocratique du Congo ou à l'étranger, contrefaits ou falsifiés, les ont mis en circulation en connaissance des vices.

Article 119 : Sont punis d'une servitude pénale d'un an au plus et d'une amende ne dépassant pas mille zaïres ou d'une de ces peines seulement, ceux qui ont fabriqué, distribué ou mis en circulation, soit des jetons, médailles ou pièces métalliques, soit des imprimés ou formules, obtenus par un procédé quelconque et présentant par leur forme extérieure, avec des monnaies ou billets au porteur ayant cours légal en République Démocratique du Congo ou à l'étranger, une ressemblance ayant pour but d'en faciliter l'acception en lieu et place des valeurs imitées.

Article 120 : Sont punis comme coupables de tromperie, ceux qui ont donné ou offert en paiement des jetons, médailles, pièces métalliques, imprimés ou formules obtenus par un procédé quelconque et présentant par leur forme extérieure, avec les monnaies ou billets au porteur ayant cours légal en République Démocratique du Congo ou à l'étranger, une ressemblance de nature à en faciliter l'acceptation en lieu et place des valeurs imitées.

Section II : De la contrefaçon ou falsification des sceaux, timbres, poinçons, marques, etc.

Article 121 : Seront punis d'une servitude pénale d'un à quinze ans et d'une amende de cinq mille à vingt-cinq mille zaïres:

- ceux qui auront contrefait ou falsifié les sceaux, timbres, poinçons ou marques de l'Etat Congolais et des administrations publiques;

- ceux qui auront fait usage de ces objets contrefaits ou falsifiés;

- ceux qui auront sciemment exposé en vente les produits de ces contrefaçons ou falsifications.

Article 122 : Ceux qui dans un but de fraude, auront fait subir aux timbres-poste, cartes postales de l'Etat Congolais ou des Etats étrangers une altération ou une préparation quelconque, ou qui auront, avec ou sans intention frauduleuse, contrefait ces timbres ou ces cartes, seront punis d'une amende qui ne dépassera pas cinq mille zaïres pour chaque cas.

Section III : De l'usurpation de fonctions publiques

Article 123 : Quiconque se sera attribué faussement la qualité de fonctionnaire public ou aura porté publiquement tout insigne ou emblème destiné à faire croire à l'existence d'un mandat public sera puni d'une servitude pénale d'un mois à deux ans et d'une amende de cinquante à cinq cents zaïres, ou d'une de ces peines seulement.

Si l'insigne ou l'emblème n'est pas destiné, mais est simplement de nature à faire croire à l'existence d'un mandat public, celui qui publiquement l'aura porté ou l'aura laissé ou fait porter par une personne à son service ou sous son autorité sera puni d'une servitude pénale de sept jours au maximum et d'une amende qui ne dépassera pas deux cents zaïres ou d'une de ces peines seulement.

Section III bis : Du port illégal de décorations

Article 123 bis : Toute personne qui aura publiquement porté une décoration, un ruban ou autres insignes d'un ordre qui ne lui appartient pas, sera punie d'une servitude pénale de sept jours au maximum et d'une amende de cinquante à cinq cents zaïres ou d'une de ces peines seulement.

Section IV : Des faux commis en écritures

Article 124 : Le faux commis en écriture avec une intention frauduleuse ou à dessein de nuire sera puni d'une servitude pénale de six mois à cinq ans et d'une amende de vingt-cinq à deux mille zaïres, ou d'une de ces peines seulement.

Article 125 : Si le faux a été commis par un fonctionnaire ou agent de l'Etat, dans l'exercice de ses fonctions, la servitude pénale pourra être portée à dix ans et l'amende à cinq mille zaïres.

Article 126 : Celui qui, dans une intention frauduleuse ou à dessein de nuire, aura fait usage de l'acte faux ou de la pièce fausse, sera puni comme s'il était l'auteur du faux.

Article 127 : Tout fonctionnaire ou officier public qui, dans l'exercice de ses fonctions, aura délivré un faux certificat, falsifié un certificat, fait usage d'un certificat faux ou falsifié, sera puni d'une servitude pénale de trois mois à cinq ans et d'une amende de cent à mille zaïres, ou d'une de ces peines seulement.

Section V : Du faux témoignage et du faux serment

Article 128 : Le faux témoignage devant les tribunaux est puni de servitude pénale. La peine peut s'élever à cinq ans.

Si l'accusé a été condamné soit à la servitude pénale à perpétuité, soit à la peine de mort, le faux témoin qui a déposé contre lui peut être condamné à la peine de servitude pénale à perpétuité.

Article 129 : Le coupable de subornation de témoin est passible de la même peine que le faux témoin, selon la distinction de l'article précédent

Article 130 : Toute personne appelée en justice pour donner de simples renseignements, qui se sera rendue coupable de fausses déclarations, sera punie d'une servitude pénale de huit jours à un an et d'une amende de vingt-cinq à cinq cents zaïres ou d'une de ces peines seulement.

Article 131 : L'interprète et l'expert coupables de fausses déclarations en justice seront punis comme faux témoins.

Article 132 : Celui à qui le serment aura été déféré ou référé en matière civile et qui aura fait un faux serment sera puni d'une servitude pénale de six mois à trois ans et d'une amende de vingt-cinq à deux mille zaïres, ou d'une de ces peines seulement.

Titre IV infractions contre l'ordre public section i : de la rébellion

Article 133 : Est qualifiée rébellion toute attaque, toute résistance avec violences ou menaces envers les dépositaires ou agents de l'autorité ou de la force publique, agissant pour l'exécution des lois, des ordres ou ordonnances de l'autorité publique, jugements ou autres actes exécutoires.

Article 134 : La rébellion commise par une seule personne est punie au maximum d'une servitude pénale d'un an et d'une amende de cent à cinq cents zaïres ou d'une de ces peines seulement.

Article 135 : Si la rébellion a été commise par plusieurs personnes et par suite d'un concert préalable, la servitude pénale peut être portée à cinq ans et l'amende est de deux cents à mille zaïres.

Section I bis : De la provocation et de l'incitation a des manquements envers l'autorité publique

Article 135 bis : Quiconque aura provoqué directement à désobéir aux lois sera puni d'une servitude pénale de deux mois à trois ans et d'une amende de mille à dix mille zaïres, ou d'une de ces peines seulement.

Article 135 ter : Quiconque aura, d'une manière quelconque, provoqué des militaires à se détourner de leurs devoirs militaires et de l'obéissance qu'ils doivent à leurs chefs dans tout ce qu'ils leur commandent pour l'exécution des lois et de règlements militaires, sera puni d'une servitude pénale de deux mois à trois ans et d'une amende de mille à dix mille zaïres, ou d'une de ces peines seulement.

Section II : Des outrages et des violences envers les membres du bureau politique*, les membres de l'assemblée nationale[4], les membres du gouvernement, les dépositaires de l'autorité ou de la force publique**

Article 136 : Sera puni d'une servitude pénale de six à douze mois et d'une amende de cinquante zaïres au maximum, ou de l'une de ces peines seulement, celui qui, par paroles, faits, gestes ou menaces, aura outragée soit un membre du Bureau Politique, soit un membre de l'Assemblée Nationale, soit un membre du Gouvernement, soit un membre de la Cour constitutionnelle, dans l'exercice ou à l'occasion de l'exercice de son mandat ou de ses fonctions;

Sera puni d'une servitude pénale de trois à neuf mois et d'une amende de trente zaïres au plus ou de l'une de ces peines seulement, celui qui, par paroles, faits, gestes ou menaces, aura outragée soit un membre des cours et tribunaux, soit un officier du ministère public, soit un officier supérieur des Forces armées et de la gendarmerie, soit un gouverneur dans l'exercice ou à l'occasion de l'exercice de ses fonctions.

Sera puni d'une servitude pénale de sept à quinze jours et d'une amende de cinquante makuta à cinq zaïres, ou de l'une de ces peines seulement, celui qui, par paroles, faits, gestes ou menaces, aura outragé les autres dépositaires de l'autorité ou de la force publique dans l'exercice ou à l'occasion de l'exercice de leurs fonctions.

Article 137 : Les outrages commis envers les corps constitués seront punis de même manière que les outrages commis envers les membres de ces corps.

Article 138 : Sera puni d'une servitude pénale de six à trente mois et d'une amende de trente à deux cents zaïres, ou de l'une de ces peines seulement, celui qui, sans qu'il en est résulté des blessures, aura frappé soit un membre du bureau Politique, soit un membre de l'Assemblée Nationale, soit un membre du Gouvernement, soit un membre de la Cour constitutionnelle dans l'exercice ou à l'occasion de l'exercice de son mandat ou de ses fonctions.

Sera puni d'une servitude pénale de six à vingt-quatre mois et d'une amende de vingt à cent zaïres, ou de l'une de ces peines seulement, celui qui, sans qu'il en est résulté des blessures, aura frappé les personnes visées à l'article 136, 2° dans l'exercice ou à l'occasion de l'exercice de leurs fonctions.

[4] * Le Bureau Politique est une Institution qui n'existe plus. ** L'Assemblée Nationale entendue au sens du Parlement selon le contexte de l'époque.

Sera puni d'une servitude pénale de six à huit mois et d'une amende de cinq à trente zaïres, ou de l'une de ces peines seulement, celui qui, sans qu'il en est résulté des blessures, aura frappé les personnes visées à l'article 136, 3°.

Article 138 bis : Si les violences exercées contre les personnes désignées à l'article 138 ont été la cause d'effusion de sang, de blessures ou de maladie, le coupable sera puni :

- d'une servitude pénale de quatre à dix ans et d'une amende de quatre cents à mille zaïres, ou de l'une de ces peines seulement pour les victimes visées à l'article 138, 1°;

- d'une servitude pénale de un à trois ans et d'une amende de cent à trois cents zaïres, ou de l'une de ces peines seulement pour les victimes visées à l'article 138, 2°;

- d'une servitude pénale de six mois à deux ans et d'une amende de cinquante à deux cents zaïres, ou de l'une de ces peines seulement pour les victimes visées à l'article 138, 3°.

Article 138 ter : Les outrages adressés aux personnes visées aux articles 136 et 138, ne peuvent, sauf le cas de flagrant délit être poursuivis que sur plainte de la personne lésée ou celle du corps dont relève celle-ci. Article 138 quater : Les peines prévues par les articles 136, 138 et 138-bis seront applicables dans le cas où l'on aura outragé ou frappé des témoins en raison de leurs dépositions, selon qu'ils peuvent être rangés, dans l'une des trois catégories de personnes protégées par la présente loi.

Article 138 quinquies : Sera puni selon le droit commun mais avec des circonstances aggravantes, celui qui aura outragé ou frappé soit un membre du bureau politique, soit un membre de l'Assemblée Nationale, soit un membre du Gouvernement, soit un membre de la Cour constitutionnelle, soit un membre du cadre dirigeant du parti, soit un membre des cours et tribunaux, soit un officier du ministère public, soit un officier supérieur des Forces armées et de la police, soit un gouverneur en dehors de l'exercice de son mandat ou de ses fonctions.

Toutefois, les circonstances aggravantes ne peuvent pas donner lieu :

- pour les victimes visées aux articles 136, 1° 138°, 138-bis 1° à une peine supérieure à la peine maximum prévue à ces articles ;

- pour les victimes visées aux articles 136, 2°, 138, 2°, 138-bis, 2° à une peine supérieure à la peine maximum prévue à ces articles.

Les outrages prévus aux articles 136 et 138-quater ne donneront lieu à aucune action s'il est établi qu'ils ont été précédés de provocations de la part des personnes protégées.

Section II bis : Des outrages envers l'emblème national

Article 138 sexies : Sera puni d'une servitude pénale de huit jours à trois mois, celui qui aura publiquement outragé l'emblème national.

Section III : Du bris des scelles

Article 139 : Lorsque des scellés apposés par l'autorité publique auront été brisés, les gardiens seront punis, pour simple négligence, d'une servitude pénale de huit jours et d'une amende de vingt-cinq à cent zaïres, ou d'une de ces peines seulement.

Article 140 : Ceux qui auront à dessein brisé des scellés seront punis d'une servitude pénale de six mois à deux ans et d'une amende de cinquante à mille zaïres, ou d'une de ces peines seulement; et si c'est le gardien lui-même ou le fonctionnaire qui a opéré l'apposition, la servitude pénale pourra être portée à trois ans et l'amende à deux mille zaïres.

Section IV : Des entraves apportées a l'exécution des travaux publics

Article 141 : Quiconque, par voies de fait, se sera opposé à l'exécution des travaux ordonnés ou autorisés par le pouvoir compétent, sera puni d'une servitude pénale de huit jours à trois mois et d'une amende qui ne dépassera pas cent zaïres, ou d'une de ces peines seulement.

Article 142 : Ceux, qui, par attroupement et violences, voies de fait ou menaces, se seront opposés à l'exécution de ces travaux seront condamnés à une servitude pénale de trois mois à deux ans et à une amende qui pourra s'élever à cinq cents zaïres ou à l'une de ces peines seulement

Section V : Des atteintes à la liberté du commerce et de la navigation

Article 143 : Sera puni d'une servitude pénale de deux ans au maximum et d'une amende de vingt-cinq à cinq cents zaïres ou d'une de ces peines seulement quiconque a employé la violence ou des menaces pour contraindre la population, sur les voies de communication intérieure ou sur les marchés, à céder leurs marchandises à des personnes ou à des prix déterminés.

Article 144 : Seront punis de servitude pénale de cinq années au maximum et d'une amende de cinq cents zaïres au plus, ou d'une de ces peines seulement, ceux qui, soit par violences, injures, menaces ou rassemblement, soit en prononçant des amendes, défenses, interdictions ou toutes prescriptions quelconques, auront porté atteinte à la liberté du commerce ou de la navigation, dans le but, soit d'arrêter des caravanes de commerce sur les chemins publics, soit d'entraver la liberté du trafic par terre ou par eau, ou le libre recrutement des caravanes et des porteurs, soit d'interrompre les communications par terre ou par eau.

Section VI : Des détournements et des concussions commis par des personnes revêtues de mandat public ou chargées d'un service ou d'une mission de l'Etat ou d'une société étatique

Article 145 :

Tout fonctionnaire ou officier public, toute personne chargée d'un service public ou parastatal, toute personne représentant les intérêts de l'Etat ou d'une société étatique au sein d'une société privée, parastatale ou d'économie mixte en qualité d'administrateur, de gérant, de commissaire aux comptes ou à tout autre titre, tout mandataire ou préposé des personnes énumérées ci-dessus, qui aura détourné des deniers publics ou privés, des effets en tenant lieu, des pièces, titres, actes, effets mobiliers qui étaient entre ses mains, soit en vertu, soit à raison de sa charge, sera puni de un à vingt ans de travaux forcés.

En condamnant à la peine prévue à l'alinéa précédent, le juge prononcera en outre :

- l'interdiction pour cinq ans au moins et dix ans au plus après l'exécution de la peine, du droit de vote et du droit d'éligibilité;

- l'interdiction d'accès aux fonctions publiques et paraétatiques quel qu'en soit l'échelon;

- la privation du droit à la condamnation ou à la libération conditionnelles et à la réhabilitation dont le but est de faire bénéficier le coupable des avantages prohibés au présent article;

- l'expulsion définitive du territoire de la République après l'exécution de la peine, si le condamné est un étranger.

Sera puni des peines portées aux alinéas 1er et 2 ci-dessus, celui qui, sciemment, aura, de quelque manière que ce soit, dissimulé ou caché soit les deniers ou les biens détournés, soit certains biens du coupable dans le but de les faire échapper à la confiscation.

Article 145 bis :

Tout fonctionnaire ou officier public, toute personne chargée d'un service public ou parastatal, toute personne représentant les intérêts de l'Etat ou d'une société étatique au sein d'une société privée, parastatale ou d'économie mixte en qualité d'administrateur, de gérant, de commissaire aux comptes ou à tout autre titre, tout mandataire ou préposé des personnes énumérées ci-dessus qui aura méchamment ou frauduleusement détruit ou supprimé, dissimulé ou caché des actes, des titres ou tout autre document dont il était dépositaire en sa qualité ou qui lui avaient été communiqués à raison de sa qualité, sera puni d'une servitude pénale de deux à vingt ans.

Article 145 ter : Les infractions visées aux articles 79 à 81, 89 à 94, 98 à 100, 101 à 102, 124 à 127, seront punies des peines doubles de celles que la loi prévoit, lorsqu'elles ont pour but de réaliser ou de dissimuler les infractions prévues aux articles précédents de la présente section.

Article 146 : Seront punis d'une servitude pénale de six mois à cinq ans tous fonctionnaires ou officiers publics, toutes personnes chargées d'un service public ou parastatal, toutes personnes représentant les intérêts de l'Etat ou d'une société étatique au sein d'une société privée, parastatale ou d'économie mixte en qualité d'administrateurs, de gérants, de commissaires aux comptes ou à tout autre titre, tous mandataires ou préposés des personnes énumérées ci-dessus qui se sont rendus coupables de concussion en ordonnant de percevoir, en exigeant ou en recevant ce qu'ils savaient n'être pas dû ou excéder ce qui était dû pour droits, taxes, contributions, revenus ou intérêts, pour salaires ou traitements, pour indemnités, primes ou tout autre avantage.

En condamnant à la peine prévue à l'alinéa précédent, le juge prononcera en outre :

- la confiscation de la rétribution perçue par le coupable ou du montant de sa valeur lorsqu'elle n'a pu être saisie si la concussion résulte de la perception illicite, pour le compte du concussionnaire ou d'un tiers autre que l'Etat, des avantages inclus cités à l'alinéa précédent;

- l'interdiction pour cinq ans au moins et dix ans au plus, après l'expiration de la peine, du droit de vote et du droit d'éligibilité;

- l'interdiction d'accès aux fonctions publiques et paraétatiques quel qu'en soit l'échelon;

- la privation du droit à la condamnation ou à la libération conditionnelles et à la réhabilitation dont le but est de faire bénéficier le coupable des avantages prohibés à l'article 145 de la présente section;

- l'expulsion définitive du territoire de la République après l'exécution de la peine si le condamné est un étranger.

Section VII : De la corruption, des rémunérations illicites, du trafic d'influence et des abstentions coupables des fonctionnaires

§ 1. De la corruption

« §1. De la corruption

Article 147 : (*modifié par l'article 1er de la Loi n° 05/006 du 29 mars 2005 modifiant et complétant le Décret du 30 janvier 1940 portant Code Pénal Congolais*). « Au sens de la présente Loi, on entend par :

« 1. Agent public

« Tout fonctionnaire ou tout employé de l'Etat ou de ses institutions, y compris ceux

« qui ont été sélectionnés, nommés ou élus pour entreprendre des activités ou

« exercer des fonctions au nom ou au service de l'Etat, à tout niveau de sa

« hiérarchie.

« 2. Toute autre personne

« Tout individu qui n'est pas agent public.

« 3. Biens

« Tous les types d'avoirs, corporels ou incorporels, meubles ou immeubles, tangibles

« ou intangibles, ainsi que les actes juridiques ou documents attestant la propriété de

« ces avoirs ou les droits y afférents.

« 4. Corruption

« Les actes ou pratiques, y compris les infractions assimilées, prohibés visés par la

« présente loi.

« 5. Confiscation

« Toute sanction ou mesure ordonnée par une juridiction à la suite d'une procédure

« judiciaire pour une ou plusieurs infractions relevant de la corruption et donnant lieu

« à une privation des biens, gains ou produits provenant de la corruption.

« 6. Enrichissement illicite

« L'augmentation substantielle des biens d'un agent public ou de toute autre

« personne que celui-ci ou celle-ci ne peut raisonnablement justifier au regard de

« ses revenus légitimes.

« 7. Produits de la corruption

« Tout bien corporel ou incorporel, meuble ou immeuble, tangible ou intangible et

« tout document ou acte juridique prouvant qu'on a des titres pour ses biens ou des

« intérêts dans ces mêmes biens, acquis à la suite d'un acte de corruption.

Article 147 bis (*inséré par l'article 2 de la Loi n° 05/006 du 29 mars 2005 modifiant et complétant le Décret du 30 janvier 1940 portant Code Pénal Congolais) « Sont constitutifs d'actes de corruption, les actes énumérés ci-après* :

« 1. le fait, pour un agent public ou toute autre personne, de solliciter ou d'accepter,

« directement ou indirectement, des sommes d'argent, tout bien ayant une

« valeur pécuniaire ou tout autre avantage, tel qu'un don, une faveur, une

« promesse ou un gain pour lui-même ou pour autrui, personne physique ou

« morale, en contrepartie de l'accomplissement ou de l'omission d'un acte

« dans l'exercice de ses fonctions ;

« 2.le fait d'offrir ou d'octroyer, directement ou indirectement, à un agent public ou à

« tout autre personne, des sommes d'argent ;

« 3. tout bien ayant une valeur pécuniaire ou tout autre avantage, tel qu'un don, une « faveur, une promesse ou un gain pour lui-même ou pour autrui, personne « physique ou morale, en vue de l'accomplissement ou de l'omission d'un acte « dans l'exercice de ses fonctions;

« 4.le fait d'offrir, de donner ou de promettre, directement ou indirectement, un « avantage indu à toute personne qui dirige un organisme du secteur privé ou « est employé par ce dernier en quelque qualité que ce soit, ou le fait, pour « cette personne, de solliciter ou d'accepter cet avantage indu, directement ou « indirectement, à titre personnel ou pour autrui, pour qu'elle agisse en « contravention de ses devoirs ou s'abstienne d'agir ;

« 5.le fait, pour un agent public ou tout autre personne, de solliciter ou d'accepter, « directement ou indirectement, un avantage indu, pour lui-même ou pour « autrui, afin d'abuser de son influence réelle ou supposée en vue de faire « obtenir d'une administration ou d'une autorité publique un avantage indu ;

« 6. l'usage, la dissimulation ou l'aliénation frauduleuse du produit ou des biens tirés « de l'un des actes visés au présent article ;

«7. le fait d'utiliser la fraude pour échapper ou faire échapper autrui aux obligations « fiscales, douanières et administratives :

« 8. l'enrichissement illicite ».

Article 148 : (*modifié par l'article 3 de la Loi n° 05/006 du 29 mars 2005 modifiant et complétant le Décret du 30 janvier 1940 portant Code Pénal Congolais*).

« Tout agent public ou toute autre personne qui aura commis un des actes prévus à

« l'article 147 bis sera puni de six mois à deux ans de servitude pénale et d'une

« amende de cinquante mille à deux cent mille francs congolais constants.

« La peine prévue à l'alinéa précédent pourra être portée au double du maximum, en

« vue d'accomplir, dans l'exercice de ses fonctions, de son emploi ou de sa mission,

« un acte injuste ou de s'abstenir d'accomplir un acte qui rentre dans l'ordre de ses

« devoirs.

Article 149 : *(modifié par l'article 3 de la Loi n° 05/006 du 29 mars 2005 modifiant et complétant le Décret du 30 janvier 1940 portant Code Pénal Congolais).*

« La peine sera de quinze ans de servitude pénale et d'une amende de cinq cent mille

« à un million de francs congolais constants, si l'acte susvisé, commis par l'agent

« public ou toute autre personne, dans l'exercice de ses fonctions, de son emploi ou

« de sa mission, constitue une infraction.

« Constituent des circonstances aggravantes et seront punis des peines prévues à

« l'alinéa précédent :

« 1) les actes de corruption active ou passive ayant pour but d'entraver au bon

« fonctionnement de la justice, notamment le fait de promettre, d'offrir ou d'accorder

« un avantage indu pour :

« a. obtenir un faux témoignage ou empêcher un témoignage ou la présentation

« d'éléments de preuve dans une procédure en rapport avec la commission de

« l'un des actes prévus par l'article 147 bis ;

« b. empêcher un membre de la Commission de l'Ethique et de la Lutte contre la

« Corruption agissant conformément à la loi, un magistrat, un officier de police

« judiciaire ou un agent des services de détection et de répression, d'exercer les

« devoirs de leur charge en rapport avec la commission de l'un des actes prévus

« par l'article 147 bis ;

« 2) les actes de corruption commis en vue de :

« a. gagner des marchés publics en violation de la procédure d'appels d'offres et des

« seuils fixés par la législation en matière de passation des marchés par voie de

« gré à gré ;

« b. obtenir, par voie de gré à gré des droits miniers ou des carrières en violation de la

« procédure d'appels d'offres prévue par le Règlement Minier ;

« c. obtenir, par voie de gré à gré, des concessions forestières en violation de la

« procédure fixée en exécution du Code forestier ;

« d. violer les règles de procédure en matière de privatisation ou de désengagement

« de l'Etat des entreprises publiques ;

« e. soustraire les contribuables aux obligations imposées par la législation fiscale,

« parafiscale et douanière ;

« f. faciliter ou dissimuler le blanchiment du produit du crime ;

« g. obtenir des avantages fiscaux en violation du Code des investissements ;

« h. financer les activités des partis politiques ;

« 3) les actes de corruption commis dans le cadre d'une organisation criminelle.

Article 149 bis : *(modifié par l'article 3 de la Loi n° 05/006 du 29 mars 2005 modifiant et complétant le Décret du 30 janvier 1940 portant Code Pénal Congolais).*

« Outre les peines prévues à l'article 149, la juridiction compétente, saisie d'une

« infraction de corruption, prononcera au profit de l'Etat la confiscation du produit ou

« moyen de la corruption de la personne condamnée ainsi que la rétribution perçue.

« Elle pourra ordonner le gel, la saisie, la confiscation et le rapatriement du produit « de la corruption, conformément à la législation sur l'entraide judiciaire et « l'extradition ou aux accords bilatéraux existants en la matière.

« En outre, la personne reconnue coupable de corruption active ou passive sera « condamnée à :

« 1. l'interdiction, pour une période de cinq ans au moins et de 10 ans au plus, après « l'exécution de la peine, du droit de vote et du droit d'éligibilité ;

« 2. l'interdiction, pour la même période, du droit d'accès aux fonctions publiques et « paraétatiques quel qu'en soit l'échelon et du droit d'exercer, directement ou « indirectement, certaines activités, notamment la profession de banquier, d'agent de « change, d'agent comptable, d'importateur ou d'exportateur ;

« 3. l'interdiction de soumissionner dans tous les marchés publics pour une période de « cinq ans ;

« 4. la privation du droit à la condamnation ou à la libération conditionnelle ;

« 5. l'expulsion définitive du territoire de la République Démocratique du Congo, après « l'exécution de la peine, si le condamné est étranger.

Article 149 ter (*modifié par l'article 3 de la Loi n° 05/006 du 29 mars 2005 modifiant et complétant le Décret du 30 janvier 1940 portant Code Pénal Congolais*).

« Tout agent public ou toute autre personne qui aura, directement ou par personne « interposée, sollicité des sommes d'argent, tout bien ayant une valeur pécuniaire ou « tout autre avantage, pour faire un acte de sa fonction, de son emploi ou de sa « mission même juste, mais non sujet à salaire, sera puni d'une servitude pénale de

« six mois à deux ans et d'une amende de vingt mille à cent mille francs congolais

« constants ou d'une de ces peines seulement ».

Article 149 quater : (*inséré par l'article 4 de la Loi n° 05/006 du 29 mars 2005 modifiant et complétant le Décret du 30 janvier 1940 portant Code Pénal Congolais*).

« Le Ministère public, les officiers de police judiciaire et les membres de la

« Commission de l'Ethique et de la Lutte contre la Corruption obtiennent, sur

« demande, de tout agent public et de toute autre personne physique ou morale, la

« communication des informations et documents dans le cadre des investigations

« entreprises à la suite d'une déclaration de soupçon ou de dénonciation de

« corruption. « Ils sont tenus au secret des informations et déclarations reçues, lesquelles ne

« peuvent être utilisées à d'autres fins que celles nécessitées par la procédure

« judiciaire.

Article 149 quinquies : (*inséré par l'article 5 de la Loi n° 05/006 du 29 mars 2005 modifiant et complétant le Décret du 30 janvier 1940 portant Code Pénal Congolais*).

« Sans préjudice d'autres sanctions prévues dans le Code Pénal, Livre II, quiconque

« commet des actes de représailles ou d'intimidation des témoins ou experts qui

« déposent contre les actes de corruption ou de trafic d'influence et leurs parents, est

« passible d'une servitude pénale de trois à cinq ans et d'une amende ne dépassant

« pas deux cent mille francs congolais constants.

« En outre, aucune poursuite pour dénonciation calomnieuse ne peut être engagée

« contre un témoin, un expert ou une victime qui, de bonne foi, a transmis des

« informations ou déposé contre les actes de trafic d'influence et de corruption

« devant l'autorité judiciaire compétente dans le cadre d'une procédure judiciaire ou

« devant la Commission de l'Ethique et de la Lutte contre la Corruption.

Article 150 : Ceux qui auront contraint par violences ou menaces ou corrompu par promesses, dons ou présents l'une quelconque des personnes visées à l'article 147 ci-dessus, pour obtenir un acte de sa fonction, de son emploi ou de sa mission même juste mais non sujet à salaire, ou l'abstention d'un acte qui rentre dans l'ordre de ses devoirs, ou la commission d'une infraction, seront punies des peines prévues à l'article 149 ci-dessus.

Lorsque les dons ou présents ont été offerts, agréés ou reçus après l'accomplissement de l'acte juste, injuste ou infractionnel prévu par les articles précédents, les coupables seront punis des peines portées à ces articles selon les distinctions y établies, s'il est prouvé que c'est cet acte qui en a été la cause ou que telle était l'intention déclarée d'une des parties au moins.

§ 2. Des rémunérations illicites accordées aux employés des personnes privées.

Article 150 a : Toute personne au service d'un tiers qui aura sollicité directement ou par personne interposée, des offres, promesses, dons ou présents, comme condition ou récompense, soit pour faire un acte même juste, soit pour s'abstenir de faire un acte qui rentrait dans l'exercice de son emploi, sera punie d'une servitude pénale d'un à trois mois et d'une amende de un à cinq zaïres ou d'une de ces peines seulement.

Article 150 b : Si une personne au service d'un tiers a, directement ou par personne interposée, agréé des offres ou des promesses, reçu des dons ou des présents, soit pour faire un acte même juste de son emploi, soit pour faire dans l'exercice de son emploi un acte injuste, soit pour s'abstenir de faire un acte qui rentrait dans l'exercice de son emploi, elle sera punie d'une servitude pénale de deux mois à six mois et d'une amende double de la valeur des promesses agréées ou des choses reçues, sans que ladite amende puisse être inférieure à cinq zaïres, ou d'une de ces peines seulement.

Article 150 c : Si à la suite d'offres ou de promesses agréées, de dons ou de présents reçus, directement par personne interposée, une personne au service d'un tiers a fait, dans l'exercice de son emploi, un acte injuste ou s'est abstenue de faire un acte qui rentrait dans l'exercice de son emploi, elle sera punie d'une servitude pénale de quatre mois à deux ans et d'une amende double de la valeur des promesses agréées ou des choses reçues, sans que ladite amende puisse être inférieure à dix zaïres, ou d'une de ces peines seulement.

Article 150 d : Dans les cas prévus aux articles 150 b et 150 c, la confiscation des choses livrées au coupable ou du montant de leur valeur sera toujours prononcée.

L'Etat peut réclamer les sommes, biens ou valeurs provenant des infractions visées aux mêmes articles à tous ceux qui les recueilleraient à cause de mort. La preuve de l'origine et du montant des gains illicites peut être faite par toutes voies de droit. L'action est prescrite cinq ans après le décès de l'auteur des ayants-droit à la succession.

§3. Du trafic d'influence

Article 150e : (*modifié et complété par l'article 6 de la Loi n° 05/006 du 29 mars 2005 modifiant et complétant le Décret du 30 janvier 1940 portant Code Pénal Congolais*).

« Sont constitutifs d'actes de trafic d'influence, les actes énumérés ci-après :

« 1. le fait de promettre, d'offrir ou d'accorder à un agent public ou à toute autre

« personne, un avantage indu afin qu'il abuse de son influence réelle ou supposée, en

« vue d'obtenir ou de faire obtenir d'une administration ou d'une autorité publique,

« un avantage indu pour l'instigateur initial de l'acte ou pour toute autre personne ;

« 2. le fait pour un agent public, ou toute autre personne, de solliciter ou d'accepter,

« directement ou indirectement, un avantage indu pour lui-même ou pour autrui, afin

« qu'il abuse de son influence réelle ou supposée en vue de faire obtenir d'une

« administration ou d'une autorité publique un avantage indu.

« L'avantage indu visé par l'alinéa précédent comprend notamment des décorations,

« médailles, distinctions ou récompenses, des places, fonctions ou emploi ou des

« valeurs quelconques accordées par l'administration ou l'autorité publique,

« l'obtention des marchés, entreprises ou d'autres bénéfices résultant des traités ou

« d'accords conclus soit avec l'Etat, soit avec une entreprise publique, paraétatique

« ou d'économie mixte ou, d'une façon générale, une décision favorable d'un agent

« public.

« Quiconque aura commis un des actes visés par le présent article, sera puni d'une

« servitude pénale de six mois à trois ans et d'une amende de cent mille à un million

« de francs congolais constants ou d'une de ces peines seulement.

§4. Des abstentions coupables

Article 150f : (*modifié et complété par l'article 6 de la Loi n° 05/006 du 29 mars 2005 modifiant et complétant le Décret du 30 janvier 1940 portant Code Pénal Congolais*).

Sans préjudice de l'application d'autres dispositions visant des infractions plus sévèrement punies, tout agent public ou toute autre personne qui, sans motif valable, retardera ou retiendra le règlement des fonts dont il a la gestion et qui sont destinés au paiement des rémunérations, traitements, salaires et créances dus par l'Etat ou par une entreprise publique, paraétatique, d'économie mixte ou privée où l'Etat a des intérêts, sera puni d'une peine de deux mois de servitude pénale et d'une amende de dix mille à cent mille francs congolais constants ou d'une de ces peines seulement.

Article 150g : (*modifié et complété par l'article 6 de la Loi n° 05/006 du 29 mars 2005 modifiant et complétant le Décret du 30 janvier 1940 portant Code Pénal Congolais*).

Sans préjudice de l'application d'autres dispositions visant des infractions plus sévèrement punies, tout agent ou toute autre personne qui s'abstiendra volontairement de faire, dans les délais impartis par la loi, ou par des règlements, un acte de sa fonction ou de son emploi qui lui a été demandé régulièrement, sera puni d'une peine de six mois de servitude pénale et d'une amende de dix mille à cent mille francs congolais constants ou d'une de ces peines seulement.

Il en est de même lorsqu'il s'abstient volontairement de faire un acte de sa fonction ou de son emploi pour lequel aucun délai n'a été préétabli et qui lui a été demandé régulièrement, si ce retard est manifestement exagéré ».

Section VII bis : De la publication et de la distribution des écrits

Article 150 h : Toute personne qui aura sciemment contribué à la publication ou à la distribution de tout écrit dans lequel ne se trouve pas l'indication vraie du nom et du domicile de l'auteur ou de l'imprimeur, sera punie d'une servitude pénale ne dépassant pas deux mois et d'une amende de deux mille zaïres au maximum ou de l'une de ces peines seulement.

Toutefois la servitude pénale ne pourra être prononcée lorsque l'écrit publié sans les indications requises fait partie d'une publication dont l'origine est connue par son apparition antérieure.

Article 150 i : Seront exemptés de la peine portée par l'article précédent, ceux qui auront fait connaître l'auteur ou l'imprimeur; les crieurs, afficheurs, vendeurs ou distributeurs qui auront fait connaître la personne de laquelle ils tiennent l'écrit incriminé.

Section VIII : Infractions en matière de transport d'objets postaux

Article 151 : Celui qui, sauf les exceptions admises par la loi, aura transporté des objets de correspondance dont le transport est un monopole de l'Etat, sera puni d'une amende qui ne dépassera pas cinq cents zaïres pour chaque cas.

Article 152 : Tout commandant d'un navire qui ne se sera pas conformé aux prescriptions imposées par la législation postale sera puni d'une amende qui n'excédera pas deux zaïres pour chaque infraction.

Section IX : Des infractions tendant à empêcher la preuve de l'état civil. Fausses déclarations devant les officiers de l'état civil

Article 153 : Seront punies d'une servitude pénale d'un à sept jours et d'une amende n'excédant pas deux cents zaïres, ou d'une de ces peines seulement, toutes personnes qui, obligées de faire les déclarations de naissances ou de décès, ne les feraient pas dans le délai légal et celles qui, convoquées par l'officier de l'état civil pour faire une déclaration de décès refuseraient de comparaître ou de témoigner.

Article 154 : Seront punies d'une servitude pénale de huit jours à un an et d'une amende de vingt-cinq à cinq cents zaïres, ou d'une de ces peines seulement, les fausses déclarations faites devant les officiers de l'état civil quant aux énonciations que doivent contenir les actes, soit par les personnes obligées par la loi de faire les déclarations de naissance ou de décès, soit par celles qui auraient été convoquées par l'officier de l'état civil, pour faire une déclaration d'état civil, soit par toutes autres personnes qui, sans être tenues de faire les déclarations, auront volontairement comparu devant l'officier de l'état civil.

Les mêmes peines seront appliquées à ceux qui auront donné la mission de commettre les fausses déclarations mentionnées au paragraphe précédent, si cette mission a reçu son exécution.

Article 155 : Seront punies d'une servitude pénale d'un à cinq ans les personnes qui se rendront coupables de supposition d'enfant. La même peine sera appliquée à ceux qui auront donné la mission de commettre l'infraction, si cette mission a reçu son exécution.

Section X : De quelques autres infractions contre l'ordre public

Article 155 bis : Sera puni d'une servitude pénale de deux mois à un an et d'une amende de cinq cents à cinq mille zaïres, ou d'une de ces peines seulement, celui qui aura publiquement porté l'uniforme, l'insigne ou l'emblème d'une association ou d'un groupement de fait dissout par l'autorité publique compétente.

Article 155 ter : Sera puni d'une servitude pénale de deux mois à un an et d'une amende de cinq cents à cinq mille zaïres ou d'une de ces peines seulement, celui qui aura sciemment contribué à la publication, par tous moyens, des photographies, gravures, dessins, portraits ayant pour objet la reproduction de tout ou partie des circonstances d'un meurtre, d'un assassinat ou d'un attentat aux mœurs.

Article 155 quater : Sera puni d'une servitude pénale de six mois à cinq ans, tout officiant qui, lors du baptême d'un adepte congolais, lui conférera une appellation aux consonances étrangères.

Titre V Infractions contre la sécurité publique

Section I : De l'association formée dans le but d'attenter aux personnes et aux propriétés

Article 156 : Toute association formée dans le but d'attenter aux personnes ou aux propriétés est une infraction qui existe par le seul fait de l'organisation de la bande. 46 Code Pénal Congolais

Article 157 : Les provocateurs de cette association, les chefs de cette bande et ceux qui y auront exercé un commandement quelconque seront punis de mort.

Article 158 : Tous autres individus faisant partie de l'association et ceux qui auront sciemment et volontairement fourni à la bande des armes, munitions, instruments d'infraction, seront également punis de mort.

Section II : Des menaces d'attentat contre les personnes ou contre les propriétés

Article 159 : Sera condamné à une servitude pénale de trois mois à deux ans et à une amende de cinquante à cinq cents zaïres, ou à l'une de ces peines seulement, celui qui, par écrit anonyme ou signé, aura menacé, avec ordre ou sous condition, d'un attentat contre les personnes ou les propriétés punissable d'au moins cinq années de servitude pénale.

Article 160 : La menace verbale faite avec ordre ou sous condition ou la menace par geste ou emblèmes d'un attentat contre les personnes ou les propriétés punissable d'au moins cinq années de servitude pénale sera punie d'une servitude pénale de huit jours à un an et d'une amende de vingt-cinq à deux cents zaïres ou d'une de ces peines seulement.

Section III : De l'évasion des détenus

Article 161 : Tout détenu qui se sera évadé ou qui aura tenté de s'évader sera, pour ce seul fait, puni d'une peine de servitude pénale d'un an au maximum.

Sera puni de la même peine tout détenu qui se sera évadé ou aura tenté de s'évader d'un établissement hospitalier ou sanitaire où il avait été transféré ou alors qu'il était employé à l'extérieur d'un établissement pénitentiaire ou qu'il bénéficiait d'une permission d'en sortir.

Les peines de l'évasion sont également applicables à tout détenu mis à la disposition de la surveillance du Gouvernement avec internement en application de l'article 14 d) du présent code ou du décret du 23 mai 1896 tout comme aux personnes qui contreviendraient à l'obligation de s'éloigner de certains lieux ou d'une certaine région ou d'habiter dans un lieu déterminé, prévue aux articles 14 a) et 14 b) du présent code.

Article 161 bis : Si l'évasion a eu lieu ou a été tentée avec violence, menaces ou bris de prison, la peine sera la servitude pénale de deux à cinq ans, sans préjudice des plus fortes peines encourues pour d'autres infractions commises dans ces circonstances.

Article 162 : En cas d'évasion ou de tentative d'évasion de détenus, les personnes préposées à leur conduite ou à leur garde, seront punies ainsi qu'il suit :

Si l'évadé était poursuivi ou condamné du chef d'une infraction punissable au maximum de cinq ans de servitude pénale ou s'il avait été mis à la disposition de la surveillance du Gouvernement avec internement, ces préposés seront punis, en cas de négligence, d'une servitude pénale d'un à six mois et, en cas de connivence, d'une servitude pénale de six mois à deux ans.

Si l'évadé était poursuivi ou condamné du chef d'une infraction punissable de plus de cinq ans de servitude pénale, des travaux forcés ou de la peine de mort, ces préposés seront punis, en cas de négligence, d'une servitude pénale de deux mois à un an et, en cas de connivence, d'une servitude pénale de deux à cinq ans.

Les peines prévues pour le cas de connivence seront également encourues lorsque l'aide à l'évasion n'aura consisté qu'en une abstention volontaire.

Article 162 bis : Ceux qui, n'étant pas chargés de la conduite ou de la garde d'un détenu, auront procuré, facilité ou tenté de procurer ou de faciliter son évasion ou sa fuite une fois l'évasion réalisée, seront punis au cas de l'article 162, 1 d'une servitude pénale de deux mois à un an et, au cas de l'article 162, 2 d'une servitude pénale de six mois à deux ans.

Article 163 : Si l'évasion a eu lieu ou a été tentée avec violence, menaces ou bris de prison, la peine contre ceux qui l'auront favorisée soit par leur coopération, soit en fournissant des instruments ou armes propres à l'opérer, sera la servitude pénale de deux à cinq ans.

Si l'infraction a été commise par une personne préposée à la conduite ou à la garde des détenus, la peine sera la servitude pénale de cinq à dix ans.

Article 163 bis : Tous ceux qui auront connivé à l'évasion d'un détenu seront solidairement condamnés, à titre de dommages-intérêts, à tout ce que la partie civile du détenu aurait eu droit d'obtenir contre lui.

Article 164 : Seront punis d'une peine de six mois à deux ans de servitude pénale, ceux qui auront recélé ou fait receler des personnes qu'ils savaient être poursuivies ou condamnées du chef d'une infraction que la loi punit de mort, de travaux forcés ou de cinq ans au moins de servitude pénale.

Sont exemptés de la présente disposition, les ascendants ou descendants, époux ou épouse même divorcés, frères ou sœurs des détenus évadés ou leurs alliés aux mêmes degrés.

Titre VI Infractions contre l'ordre des familles

Section I : De l'avortement

Article 165 : Celui qui, par aliments, breuvages, médicaments, violences ou par tout autre moyen aura fait avorter une femme, sera puni d'une servitude pénale de cinq à quinze ans.

Article 166 : La femme qui volontairement se sera fait avorter, sera punie d'une servitude pénale de cinq à dix ans.

Section II : Des infractions de violences sexuelles

(modifié et complété par l'article 2 de la Loi 06/018 du 20 juillet 2006 modifiant et complétant le Décret du 30 janvier 1940 portant Code pénal Congolais)

« Paragraphe 1er : De l'attentat à la pudeur

Article 167

« Tout acte contraire aux mœurs exercé intentionnellement et directement sur une

« personne sans le consentement valable de celle-ci constitue un attentat à la pudeur.

« Tout attentat à la pudeur commis sans violences, ruse, ou menaces sur la personne

« ou à l'aide de la personne d'un enfant âgé de moins de dix-huit ans sera puni d'une

« servitude pénale de six mois à cinq ans. L'âge de l'enfant pourra être déterminé par

« examen médical, à défaut d'état civil.

Article 168 :

« L'attentat à la pudeur commis avec violences, ruse, ou menaces sur des personnes de l'un ou de l'autre sexe sera puni d'une servitude pénale de six mois à cinq ans.

« L'attentat à la pudeur commis avec violences, ruse, ou menaces sur la personne ou à l'aide de la personne d'un enfant âgé de moins de 18 ans sera puni d'une servitude pénale de cinq à quinze ans. Si l'attentat a été commis sur les personnes ou à l'aide

« des personnes âgées de moins de dix ans, la peine sera de cinq à vingt ans.

Article 169 : L'attentat existe dès qu'il y a commencement d'exécution.

« Paragraphe 2 : Du viol

Article 170

« Aura commis un viol, soit à l'aide de violences ou menaces graves ou par contrainte à l'encontre d'une personne, directement ou par l'intermédiaire d'un tiers, soit par surprise, par pression psychologique, soit à l'occasion d'un environnement coercitif, soit en abusant d'une personne qui, par le fait d'une maladie, par l'altération de ses facultés ou par toute autre cause accidentelle aurait perdu l'usage de ses sens ou en aurait été privé par quelques artifices :

« a) tout homme, quel que soit son âge, qui aura introduit son organe sexuel, même

« superficiellement dans celui d'une femme ou toute femme, quel que soit son âge, qui

« aura obligé un homme à introduire même superficiellement son organe sexuel dans le

« sien ;

« b) tout homme qui aura pénétré, même superficiellement l'anus, la bouche ou tout

« autre orifice du corps d'une femme ou d'un homme par un organe sexuel, par toute

« autre partie du corps ou par un objet quelconque ;

« c) toute personne qui aura introduit, même superficiellement, toute autre partie du

« corps ou un objet quelconque dans le vagin ;

« d) toute personne qui aura obligé un homme ou une femme à pénétrer, même

« superficiellement son anus, sa bouche ou tout orifice de son corps par un organe

« sexuel, pour toute autre partie du corps ou par un objet quelconque.

« Quiconque sera reconnu coupable de viol sera puni d'une peine de servitude pénale

« de cinq à vingt ans et d'une amende ne pouvant être inférieure à cent mille francs

« congolais constants.

« Est réputé viol à l'aide de violences, le seul fait du rapprochement charnel de sexes commis sur les personnes désignées à l'article 167, alinéa 2.

Article 171

« Si le viol ou l'attentat à la pudeur a causé la mort de la personne sur laquelle il a

« été commis, le coupable sera puni de la servitude pénale à perpétuité.

Article 171 bis

« Le minimum des peines portées par les articles 167 alinéa 2, 168 et 170 alinéa 2 du

« présent Code sera doublé :

« 1. si les coupables sont les ascendants ou descendants de la personne sur laquelle

« ou à l'aide de laquelle l'attentat a été commis ;

« 2. s'ils sont de la catégorie de ceux qui ont autorité sur elle ;

« 3. s'ils sont ses enseignants ou ses serviteurs à gage ou les serviteurs des personnes

« ci-dessus indiquées ;

« 4. si l'attentat a été commis soit par les agents publics ou par des ministres du culte

« qui ont abusé de leur position pour le commettre, soit par le personnel médical,

« para-médical ou assistants sociaux, soit par des tradi-praticiens, envers les

« personnes confiées à leurs soins ;

« 5. si le coupable a été aidé dans l'exécution de l'infraction par une ou plusieurs

« personnes ;

« 6. s'il est commis sur des personnes captives par leurs gardiens ;

« 7. s'il est commis en public ;

« 8. s'il a causé à la victime une altération grave de sa santé et/ou laissé de séquelles

« physiques et/ou psychologiques graves ;

« 9. s'il est commis sur une personne vivant avec handicap ;

« 10. si le viol a été commis avec usage ou menace d'une arme.

« En cas de viol tel qu'aggravé au sens du point 1 et 2 de l'alinéa 1er, le juge prononcera en outre la déchéance de l'autorité parentale ou tutélaire si l'infraction a été commise par une personne exerçant cette autorité conformément a l'article 319 du Code de la famille.

Section III : Des autres infractions de violences sexuelles

(Modifiée par l'article 3 de la Loi n° 06/018 du 20 juillet 2006 modifiant et complétant le Décret du 30 janvier 1940 portant Code pénal Congolais)

§1er : De l'excitation des mineurs à la débauche

Article 172

« Quiconque aura attenté aux mœurs en excitant, facilitant ou favorisant pour satisfaire les passions d'autrui, la débauche ou la corruption des personnes de l'un ou l'autre sexe, âgées de moins de dix-huit ans, sera puni d'une servitude pénale de trois mois à cinq ans et d'une amende de cinquante mille à cent mille Francs congolais constants.

Article 173

« Le fait énoncé à l'article précédent sera puni d'une servitude pénale de dix à vingt ans et d'une amende de cent mille à deux cent mille Francs congolais constants, s'il a été commis envers un enfant âgé de moins de dix ans accomplis.

Article 174 «

Si l'infraction prévue à l'article 172 ci-dessus a été commise par le père, la mère ou le tuteur, le coupable sera en outre déchu de l'autorité parentale ou tutélaire conformément à l'article 319 du Code de la famille.

§2 : Du souteneur et du proxénétisme

Article 174 b

« Sera puni d'une servitude pénale de trois mois à cinq ans et

« d'une amende de cinquante mille à cent mille Francs congolais constants :

« 1. quiconque, pour satisfaire les passions d'autrui, aura embauché, entraîné ou « détourné, en vue de la débauche ou de la prostitution, même de son « consentement, une personne âgée de plus de dix-huit ans ; l'âge de la « personne pourra être déterminé notamment par examen médical, à défaut « d'état civil ;

« 2. quiconque aura tenu une maison de débauche ou de « prostitution ;

« 3. le souteneur : est souteneur celui qui vit, en tout ou en partie, aux dépens « d'une personne dont il exploite la prostitution ;

« 4. quiconque aura habituellement exploité de quelque autre façon, la débauche ou « la prostitution d'autrui.

« Sera puni de la même peine qu'à l'aliéna précédent :

« 1. quiconque aura diffusé publiquement un document ou film pornographique aux « enfants de moins de 18 ans ;

« 2. quiconque fera passer à la télévision des danses ou tenues « obscènes, attentatoires aux bonnes mœurs.

« Lorsque la victime est un enfant âgé de moins de 18 ans, la « peine est de cinq à vingt ans.

§3 : De la prostitution forcée

Article 174 c

« Quiconque aura amené une ou plusieurs personnes à accomplir un acte ou

« plusieurs actes de nature sexuelle, par la force, par la menace de la force ou de la

« coercition ou encore en profitant de l'incapacité desdites personnes à donner librement

« leur consentement en vue d'obtenir un avantage pécuniaire ou autre, sera puni de trois

« moins à cinq ans de servitude pénale.

§4 : Du harcèlement sexuel

Article 174 d

« Quiconque aura adopté un comportement persistant envers autrui, se traduisant par

« des paroles, des gestes soit en lui donnant des ordres ou en proférant des menaces, ou

« en imposant des contraintes, soit en exerçant des pressions graves, soit en abusant de

« l'autorité que lui confère ses fonctions en vue d'obtenir de lui des faveurs de nature

« sexuelle, sera puni de servitude pénale de un à douze ans et d'une amende de

« cinquante mille à cent mille Francs congolais constants ou d'une de ces peines

« seulement.

« Les poursuites seront subordonnées à la plainte de la victime.

§5 : De l'esclavage sexuel

Article 174 e

« Sera puni d'une peine de cinq à vingt ans de servitude pénale et d'une amende de

« deux cent mille Francs congolais constants, quiconque aura exercé un ou l'ensemble

« des pouvoirs associés au droit de propriété sur une personne, notamment en détenant

« ou en imposant une privation similaire de liberté ou en achetant, vendant, prêtant,

« troquant ladite personne pour des fins sexuelles, et l'aura contrainte à accomplir un ou

« plusieurs actes de nature sexuelle.

§6 : Du mariage forcé

Article 174 f

« Sans préjudice de l'article 336 du Code de la famille, sera punie d'une peine de un

« à douze ans de servitude pénale et d'une amende ne pouvant être inférieur à cent mille

« Francs congolais constants, toute personne qui, exerçant l'autorité parentale ou tutélaire

« sur une personne mineure ou majeure, l'aura donnée en mariage, ou en vue de celui

« ci, ou l'aura contrainte à se marier.

« Le minimum de la peine prévu à l'aliéna 1er est doublé lorsqu'il s'agit d'une

« personne âgée de moins de 18 ans.

§7 : De la mutilation sexuelle

Article 174 g

« Sera puni d'une peine de servitude pénale de deux à cinq ans et d'une amende de

« deux cent mille Francs congolais constants, quiconque aura posé un acte qui porte

« atteinte à l'intégrité physique ou fonctionnelle des organes génitaux d'une personne.

« Lorsque la mutilation a entraîné la mort, la peine est de servitude pénale à

« perpétuité.

§8 : De la zoophilie

Article 174 h

« Sera puni de cinq à dix ans de servitude pénale et d'une amende de deux cent mille

« Francs congolais constants, quiconque aura, par ruse, violences, menaces ou par toute

« forme de coercition ou artifice, contraint une personne à avoir des relations sexuelles

« avec un animal.

« La personne qui, volontairement, aura eu des rapports sexuels avec un animal sera

« punie des mêmes peines que celles prévues à l'alinéa 1er du présent article.

§9 : De la transmission délibérée des infections

« sexuellement transmissibles incurables

Article 174 i

« Sera puni d'une peine de servitude pénale à perpétuité et d'une amende de deux

« cent mille Francs congolais constants, quiconque aura délibérément contaminé une

« personne d'une infection sexuellement transmissible incurable.

§10 : Du trafic et de l'exploitation d'enfants à des

« fins sexuelles

Article 174 j

« Tout acte ou toute transaction ayant trait au trafic ou à l'exploitation d'enfants ou

« de toute personne à des fins sexuelles moyennant rémunération ou un quelconque

« avantage, est puni de dix à vingt ans de servitude pénale.

§11 : De la grossesse forcée

Article 174 k

« Sera puni d'une peine de servitude pénale de dix à vingt ans, quiconque aura détenu

« une ou plusieurs femmes rendues enceintes de force ou par ruse.

§12 : De la stérilisation forcée

Article 174 l

« Sera puni de cinq à quinze ans de servitude pénale, quiconque aura commis sur une

« personne un acte à la priver de la capacité biologique et organique de reproduction sans

« qu'un tel acte ait préalablement fait l'objet d'une décision médicale justifiée et d'un

« libre consentement de la victime.

§13 : De la pornographie mettant en scène des

« enfants

Article 174 m

« Sera puni de cinq à dix ans de servitude pénale et d'une amende de cent cinquante

« mille Francs congolais constants, quiconque aura fait toute représentation par quelque

« moyen que ce soit, d'un enfant s'adonnant à des activités sexuelles explicites, réelles ou

« simulées, ou toute représentation des organes sexuels d'un enfant, à des fins

« principalement sexuelles.

§14 : De la prostitution d'enfants

Article 174 n

« Sera puni de servitude pénale de cinq à vingt ans et d'une amende de deux cent

« mille Francs congolais constants, quiconque aura utilisé un enfant de moins de 18 ans

« aux fins des activités sexuelles contre rémunération ou toute autre forme d'avantage.

« Si l'infraction a été commise par une personne exerçant l'autorité parentale ou

« tutélaire, le coupable sera en outre déchu de l'exercice de l'autorité parentale ou

« tutélaire conformément à l'article 319 du Code de la famille.

Section IV : Des outrages publics aux bonnes mœurs

Article 175 :

Quiconque aura exposé, vendu ou distribué des chansons, pamphlets ou autres écrits, imprimés ou non, des figures, images, emblèmes ou autres objets contraires aux bonnes mœurs, sera condamné à une servitude pénale de huit jours à un an et à une amende de vingt-cinq à mille zaïres ou à l'une de ces peines seulement.

Sera puni des mêmes peines quiconque aura, en vue du commerce ou de la distribution, détenu, importé ou fait importer, transporté ou fait transporter, remis à un agent de transport ou de distribution, annoncé par un moyen quelconque de publicité des chansons, pamphlets, écrits, figures, images, emblèmes ou objets contraires aux bonnes mœurs.

Dans les cas prévus par les alinéas précédents, l'auteur de l'écrit, de la figure, de l'image, celui qui les aura imprimés ou reproduits et le fabricant de l'emblème ou de l'objet seront punis d'une servitude pénale d'un mois à un an et d'une amende de cinquante à deux mille zaïres ou d'une de ces peines seulement.

Quiconque aura chanté, lu, récité, fait entendre ou proféré des obscénités dans des réunions ou lieux publics devant plusieurs personnes et de manière à être entendu de ces personnes, sera puni d'une peine de servitude pénale de huit jours à un an et d'une amende de vingt-cinq à mille zaïres ou d'une de ces peines seulement.

Article 176 :

Quiconque aura publiquement outragé les mœurs par des actions qui blessent la pudeur, sera puni d'une servitude pénale de huit jours à trois ans et d'une amende de vingt-cinq à mille zaïres ou d'une de ces peines seulement.

Article 177 : Ne sont pas punissables les faits prévus par les deux articles précédents si, à raison des circonstances dans lesquelles ils ont été commis, ils ne peuvent avoir pour effet de corrompre les mœurs.

Article 178 :

Quiconque aura, soit par l'exposition, la vente ou la distribution d'écrits, imprimés ou non, soit par tout autre moyen de publicité, préconisé l'emploi de moyens quelconques de faire avorter une femme, aura fourni les indications sur la manière de se les procurer ou de s'en servir ou aura fait connaître, dans le but de les recommander, les personnes qui les appliquent ;

Quiconque aura exposé, vendu, distribué, fabriqué ou fait fabriquer, fait importer, fait transporter, remis à un agent de transport ou de distribution, annoncé par un moyen quelconque de publicité, les drogues ou engins spécialement destinés à faire avorter une femme ou annoncés comme tels ;

Quiconque aura exposé ou distribué des objets spécialement destinés à empêcher la conception et aura fait de la réclame pour en favoriser la vente ; quiconque aura, dans un but de lucre, favorisé les passions d'autrui en exposant, vendant ou distribuant des écrits imprimés ou non qui divulguent des moyens d'empêcher la conception, et en préconisant l'emploi ou en fournissant les indications sur la manière de se les procurer ou de s'en servir ;

Quiconque aura, en vue du commerce ou de la distribution, fabriqué, fait fabriquer, fait importer, fait transporter, remis à un agent de transport ou de distribution ou annoncé par un moyen quelconque de publicité les écrits visés dans l'alinéa précédent, sera puni d'une servitude pénale de huit jours à un an et d'une amende de vingt-cinq à mille zaïres ou d'une de ces peines seulement.

Titre VII Des atteintes aux droits garantis aux particuliers

Section I : Des atteintes à la liberté des cultes

Article 179 : Seront punies d'une servitude pénale de huit jours à deux ans et d'une amende de vingt-cinq à cinq cents zaïres, ou d'une de ces peines seulement, toutes personnes qui, par des violences, outrages ou menaces, par des troubles ou des désordres, auront porté atteinte à la liberté des cultes ou à leur libre exercice public, et à la liberté de conscience.

Section II : Des atteintes portées par des fonctionnaires publics aux droits garantis aux particuliers

Article 180 :

Tout acte arbitraire et attentatoire aux libertés et aux droits garantis aux particuliers par les lois, décrets, ordonnances et arrêtés, ordonné ou exécuté par un fonctionnaire ou officier public, par un dépositaire ou agent de l'autorité ou de la force publique, sera puni d'une servitude pénale de quinze jours à un an et d'une amende de deux cents à mille zaïres ou d'une de ces peines seulement.

S'il est constitutif d'une infraction punie de peines plus fortes, son auteur sera condamné à ces peines.

Titre VIII Des atteintes à la sureté de l'Etat

SECTION I : DES ATTEINTES A LA SURETE EXTERIEURE DE L'ETAT

§ 1. De la trahison et l'espionnage.

Article 181 : Sera coupable de trahison et puni de mort tout Congolais qui portera les armes contre la République Démocratique du Congo.

Article 182 : Sera coupable de trahison et puni de mort tout Congolais qui :

- entretiendra des intelligences avec une puissance étrangère ou avec ses agents, pour engager cette puissance à entreprendre des hostilités contre la République Démocratique du Congo, ou pour lui en procurer les moyens ;

- livrera à une puissance étrangère ou à ses agents, des ouvrages de défense, postes, ports, magasins, matériels, munitions, vaisseaux, bâtiments ou appareils de navigation aérienne appartenant à la République Démocratique du Congo ;

- en vue de nuire à la défense nationale, détruira ou détériorera un navire, un appareil de navigation aérienne, un matériel, une fourniture, une construction ou une installation quelconque ou qui dans le même but, y apportera soit avant, soit après leur achèvement, des malfaçons de nature à les endommager ou à provoquer un accident.

Article 183 : Sera coupable de trahison et puni de mort, tout Congolais qui en temps de guerre :

- provoquera des militaires ou des marins à passer au service d'une puissance étrangère, leur en facilitera les moyens ou fera des enrôlements pour une puissance en guerre avec la République Démocratique du Congo ;

- entretiendra des intelligences avec une puissance étrangère ou avec ses agents en vue de favoriser les entreprises de cette puissance contre le la République Démocratique du Congo ;

- aura participé sciemment à une entreprise de démoralisation de l'armée ou de la nation ayant pour objet de nuire à la défense nationale.

Article 184 : Sera coupable de trahison et puni de mort, tout Congolais qui:

- livrera à une puissance étrangère ou à ses agents, sous quelque forme et par quelque moyen que ce soit, un renseignement, objet, document ou procédé qui doit être tenu secret dans l'intérêt de la défense nationale;

- s'assurera, par quelque moyen que ce soit, la possession d'un tel renseignement, objet, document ou procédé en vue de le livrer à une puissance étrangère ou à ses agents;

- détruira ou laissera détruire un tel renseignement, objet, document ou procédé en vue de favoriser une puissance étrangère.

Article 185 : Sera coupable d'espionnage et puni de mort tout étranger qui commettra l'un des actes visés aux articles 182, 183 et 184.

Article 186 : Sans préjudice de l'application des articles 21 et 22 du présent code, seront punies d'une servitude pénale de un à cinq ans :

- l'offre ou la proposition de commettre l'une des infractions prévues aux articles 181 à 185;

- l'acceptation de cette offre ou de cette proposition.

§ 2. Des autres atteintes à la sûreté extérieure de l'Etat.

Article 187 :

Sera puni d'une servitude pénale de deux à dix ans, tout Congolais ou étranger qui, sans intention de trahison ou d'espionnage :

s'assurera, étant sans qualité, la possession d'un renseignement, objet, document ou procédé, qui doit être tenu secret dans l'intérêt de la défense nationale ou dont la connaissance pourrait conduire à la découverte d'un secret de la défense nationale;

- détruira, soustraira, laissera détruire ou soustraire, reproduira ou laissera reproduire un tel renseignement, objet, document ou procédé;

- portera ou laissera porter à la connaissance d'une personne non qualifiée ou du public un tel renseignement, objet, document ou procédé, ou en aura étendu la divulgation.

Article 188 : Sera puni d'une servitude pénale de un à cinq ans, tout Congolais ou étranger qui, sans intention de trahison ou d'espionnage, aura porté à la connaissance d'une personne non qualifiée ou du public une information militaire non rendue publique par l'autorité compétente et dont la divulgation est manifestement de nature à nuire à la défense nationale.

Article 189 :

Sera puni d'une servitude pénale de un à cinq ans, tout Congolais ou étranger qui:

- s'introduira sous un déguisement ou un faux nom, ou en dissimulant sa qualité ou sa nationalité, dans un ouvrage de défense, poste, dépôt ou magasin militaires, dans un bâtiment de guerre ou un bâtiment de commerce employé pour la défense nationale, dans un appareil de navigation aérienne réquisitionné ou affrété par lui dans un établissement militaire ou dans un établissement ou chantier intéressant la défense nationale;

- même sans se déguiser, ou sans dissimuler son nom, sa qualité ou sa nationalité, aura organisé de manière occulte un moyen quelconque de correspondance ou de transmission à distance de nature à nuire à la défense nationale.

Article 190 : Sera puni d'une servitude pénale de un à cinq ans, quiconque aura, par des actes hostiles non approuvés par le Gouvernement, exposé la République Démocratique du Congo à des hostilités de la part d'une puissance étrangère.

Si des hostilités s'en sont suivies, la servitude pénale sera de cinq à vingt ans.

Article 191 : Sera puni d'une servitude pénale de un à cinq ans, quiconque entretiendra avec les agents d'une puissance étrangère des intelligences de nature à nuire à la situation militaire ou diplomatique de la République Démocratique du Congo.

Article 192 :

Sera puni d'une servitude pénale de un à cinq ans quiconque, en temps de guerre :

- entretiendra, sans autorisation du Gouvernement, une correspondance ou des relations avec les sujets ou les agents d'une puissance ennemie;

- fera, directement ou par intermédiaire, des actes de commerce avec les sujets ou les agents d'une puissance ennemie, au mépris des prohibitions édictées.

Section II : Des atteintes à la sureté intérieure de l'Etat

§ 1. Des attentats et complots contre le Chef de l'Etat.

Article 193 :

L'attentat contre la vie ou contre la personne du Chef de l'Etat sera puni de mort.

S'il n'a pas eu pour résultat de porter atteinte à la liberté du Chef de l'Etat, et s'il ne lui a causé ni effusion de sang, ni blessure, ni maladie, l'attentat contre sa personne sera puni de la servitude pénale à perpétuité.

Article 194 :

Le complot contre la vie ou contre la personne du Chef de l'Etat sera puni d'une servitude pénale de dix à quinze ans si quelque acte a été commis pour en préparer l'exécution, et d'une servitude pénale de cinq à dix ans dans le cas contraire.

S'il y a eu proposition faite et non agréée de former un complot contre la vie ou contre la personne du Chef de l'Etat, celui qui aura fait une telle proposition sera puni d'une servitude pénale de un à cinq ans.

§ 2. Des attentats, complots et autres infractions contre l'autorité de l'Etat et l'intégrité du territoire.

Article 195 : L'attentat dont le but aura été soit de détruire ou de changer le régime constitutionnel, soit d'inciter les citoyens ou habitants à s'armer contre l'autorité de l'Etat ou à s'armer les uns contre les autres, soit de porter atteinte à l'intégrité du territoire national, sera puni de la servitude pénale à perpétuité.

Article 196 :

Le complot formé dans l'un des buts mentionnés à l'article 195 sera puni d'une servitude pénale de dix à quinze ans si quelque acte a été commis ou commencé pour en préparer l'exécution, et d'une servitude pénale de cinq à dix ans dans le cas contraire.

S'il y a eu proposition faite et non agréée de former un complot pour arriver à l'une des fins mentionnées à l'article 195, celui qui aura fait une telle proposition sera puni d'une servitude pénale de un à cinq ans.

Article 197 : Quiconque, hors les cas prévus aux articles 195 et 196, aura entrepris, par quelque moyen que ce soit, de porter atteinte à l'intégrité du territoire national sera puni d'une servitude pénale de un à cinq ans.

Article 198 : Seront punis d'une servitude pénale de cinq à vingt ans, ceux qui auront levé ou fait lever des troupes armées, engagé ou enrôlé, fait engager ou enrôler des soldats, ou leur auront fourni des armes ou munitions, sans ordre ni autorisation du Gouvernement.

Article 199 :

Seront punis d'une servitude pénale de cinq à vingt ans :

ceux qui, sans droit ou motif légitime, auront pris un commandement militaire quelconque;

ceux qui, contre l'ordre du Gouvernement, auront retenu un tel commandement ;

les commandants qui auront tenu leur armée ou troupes rassemblées, après que le licenciement ou la séparation en auront été ordonnés.

Article 199 bis : Quiconque, en répandant sciemment de faux bruits de nature à alarmer les populations, à les inquiéter ou les exciter contre les pouvoirs établis, aura porté ou aura cherché à porter le trouble dans l'Etat, sera puni d'une servitude pénale de deux mois à trois ans et d'une amende de cent à cinq cents zaïres, ou d'une de ces peines seulement.

Article 199 ter : Sera puni de un mois à un an de servitude pénale et d'une amende de vingt à cent zaïres ou de l'une de ces peines seulement, celui qui, sans intention de porter le trouble dans l'Etat, aura néanmoins sciemment répandu de faux bruits de nature à alarmer les populations, à les inquiéter ou à les exciter contre les pouvoirs établis.

§ 3. Des attentats et complots tendant à porter le massacre, la dévastation ou le pillage.

Article 200 : L'attentat dont le but aura été de porter le massacre, la dévastation ou le pillage sera puni de mort.

Article 201 :

Le complot formé dans l'un des buts mentionnés à l'article 200 sera puni d'une servitude pénale de quinze à vingt ans si quelque acte a été commis ou commencé pour en préparer l'exécution, et d'une servitude pénale de dix à quinze ans dans le cas contraire.

S'il y a eu proposition faite et non agréée de former un complot pour arriver à l'une des fins mentionnées à l'article 200, celui qui aura fait une telle proposition sera puni d'une servitude pénale de cinq à dix ans.

§ 4. De la participation à des bandes armées.

Article 202 :

Sera puni de mort quiconque, en vue de troubler l'Etat par l'un des attentats prévus aux articles 195 et 200, ou par l'envahissement, le pillage ou le partage des propriétés publiques ou privées, ou encore en faisant attaque ou résistance envers la force publique agissant contre les auteurs de ces infractions, se sera mis à la tête de bandes armées ou y aura exercé une fonction ou un commandement quelconque.

La même peine sera appliquée à ceux qui auront dirigé l'association, levé ou fait lever, organisé ou fait organiser les bandes.

Article 203 : Les individus faisant partie des bandes visées à l'article 202, sans y exercer aucun commandement ni emploi, et qui auront été saisis sur les lieux de la réunion séditieuse, seront punis d'une servitude pénale de dix à quinze ans.

Article 204 :

Dans le cas où l'un des attentats prévus aux articles 195 et 200 aura été commis par une bande armée, la peine de mort sera appliquée, sans distinction de grades à tous les individus faisant partie de la bande et qui auront été saisis sur les lieux.

Sera puni de la même peine, quoique non saisi sur les lieux, quiconque aura dirigé la sédition, ou aura exercé dans la bande un emploi ou un commandement quelconque.

Article 205 :

Il ne sera prononcé aucune peine, pour le fait de sédition, contre ceux qui, ayant fait partie d'une bande armée sans y exercer aucun commandement et sans y remplir aucun emploi ni fonction, se seront retirés au premier avertissement des autorités civiles ou militaires, ou même depuis, lorsqu'ils n'auront été saisis que hors des lieux de la réunion séditieuse, sans opposer de résistance et sans armes.

Ils ne seront punis, dans ces cas, que pour les infractions particulières qu'ils auraient personnellement commises.

§ 5. De la participation à un mouvement insurrectionnel.

Article 206 : Seront punis d'une servitude pénale de deux à dix ans, les individus qui, dans un mouvement insurrectionnel :

- auront fait ou aidé à faire des barricades, des retranchements, ou tous autres travaux ayant pour objet d'entraver ou d'arrêter l'exercice de la force publique;

- auront empêché, à l'aide de violences ou de menaces, la convocation de la réunion de la force publique, ou qui auront provoqué ou facilité le rassemblement des insurgés, soit par la distribution d'ordres ou de proclamations, soit par le port de drapeaux ou autres signes de ralliement, soit par tout autre moyen d'appel;

- auront, pour faire attaque ou résistance envers la force publique, envahi ou occupé des édifices, postes ou autres établissements publics, des maisons habitées ou non habitées. La peine sera la même à l'égard du propriétaire ou du locataire qui, connaissant le but des insurgés leur aura procuré sans contrainte l'entrée desdites maisons.

Article 207 :

Sont punis d'une servitude pénale de cinq à vingt ans, les individus qui, dans un mouvement insurrectionnel :

- se seront emparés d'armes, munitions ou matériels de toutes espèces, soit à l'aide de violences ou de menaces, soit par le pillage de boutiques ou d'établissements publics, soit par le désarmement des agents de la force publique;

- auront porté des armes apparentes ou cachées, ou des munitions.

Les individus qui auront fait usage de leurs armes seront punis de mort.

Article 208 : Seront punis de mort ceux qui auront dirigé ou organisé un mouvement insurrectionnel.

§ 6. Des autres atteintes à la sûreté intérieure de l'Etat.

Article 209 :

Sera puni d'une servitude pénale de deux mois à trois ans et d'une amende de mille à dix mille zaïres ou d'une de ces peines seulement, celui qui, dans un but de propagande, aura distribué, mis en circulation ou exposé aux regards du public, des tracts, bulletins ou papillons d'origine ou d'inspiration étrangère de nature à nuire à l'intérêt national.

Sera puni des mêmes peines celui qui aura détenu de tels tracts, bulletins ou papillons en vue de la distribution, de la circulation ou de l'exposition dans un but de propagande.

Article 210 : Sera puni d'une servitude pénale de deux mois à trois ans et d'une amende de mille à dix mille zaïres, ou d'une de ces peines seulement, quiconque recevra, d'une personne ou d'une organisation étrangère, directement ou indirectement, sous quelque forme et à quelque titre que ce soit, des dons, présents, prêts ou autres avantages, destinés ou employés en tout ou partie à mener ou à rémunérer en République Démocratique du Congo une activité ou une propagande de nature à porter atteinte à l'intégrité, à la souveraineté ou à l'indépendance de la République Démocratique du Congo, ou à ébranler la fidélité que les citoyens doivent à l'Etat et aux institutions du peuple congolais.

Article 211 : Sera puni d'une servitude pénale de deux mois à trois ans et d'une amende de mille à dix mille zaïres, ou d'une de ces peines seulement : - celui qui, en vue de troubler la paix publique, aura sciemment contribué à la publication, à la diffusion ou à la reproduction, par quelque moyen que ce soit, de nouvelles fausses ou de pièces fabriquées, falsifiées ou mensongèrement attribuées à des tiers; - celui qui aura exposé ou fait exposer, dans les lieux publics ou ouverts au public, des dessins, affiches, gravures, peintures, photographies, tous objets ou images de nature à troubler la paix publique.

§ 7. Définitions.

Article 212 : L'attentat existe dès qu'il y a tentative punissable.

Article 213 : Il y a complot dès que la résolution d'agir a été arrêtée entre deux ou plusieurs personnes. 63 Code Pénal Congolais

Article 214 : Sont compris dans le mot "armes", toutes machines, tous instruments, ustensiles ou autres objets tranchants, perçants ou contondants dont on se sera saisi pour tuer, blesser ou frapper, même si on n'en a pas fait usage.

Section III : Dispositions communes aux deux sections précédentes

Article 215 : Sera puni d'une servitude pénale de trois mois à deux ans et d'une amende de mille à cinquante mille zaïres, ou d'une de ces peines seulement, celui qui, ayant connaissance de projets ou d'actes de trahison, d'espionnage ou d'autres activités de nature à nuire à la défense nationale, d'attentats ou de complots contre la sûreté intérieure de l'Etat, n'en fera pas la déclaration aux autorités militaires, administratives ou judiciaires, dès le moment où il les aura connus.

Article 216 :

Outre les personnes désignées à l'article 22, sera puni comme complice quiconque, autre que l'auteur ou le complice :

- fournira sans contrainte et en connaissance de leurs intentions, subsides, moyens d'existence, logement, lieu de retraite ou de réunion aux auteurs d'infractions contre la sûreté de l'Etat;

- portera sciemment la correspondance des auteurs de telles infractions, ou leur facilitera sciemment de quelque manière que ce soit, la recherche, le recel, le transport ou la transmission de l'objet de l'infraction.

Article 217 :

Outre les personnes désignées à l'article 101, sera puni comme receleur quiconque, autre que l'auteur ou le complice :

- recèlera sciemment les objets ou instruments ayant servi ou devant servir à commettre l'infraction ou les objets, matériels ou documents obtenus par l'infraction;

- détruira, soustraira, recèlera, dissimulera ou altérera sciemment un document, public ou privé de nature à faciliter la recherche de l'infraction, la découverte des preuves ou le châtiment de ses auteurs.

Dans les cas prévus au présent article, le tribunal pourra exempter de la peine encourue les parents ou alliés du coupable jusqu'au quatrième degré inclusivement.

Article 218 :

Sera exempté de la peine encourue celui qui, avant toute exécution ou tentative d'une infraction contre la sûreté de l'Etat, en donnera le premier connaissance aux autorités administratives ou judiciaires.

L'exemption de la peine sera seulement facultative si la dénonciation intervient après la consommation ou la tentative de l'infraction, mais avant l'ouverture des poursuites.

L'exemption de la peine sera également facultative à l'égard du coupable qui, après l'ouverture des poursuites, procurera l'arrestation des auteurs et complices de la même infraction, ou d'autres infractions de même nature ou de même gravité.

Article 219 :

La confiscation de l'objet de l'infraction et des objets ayant servi à la commettre sera toujours prononcée.

La rétribution reçue par le coupable, ou le montant de sa valeur lorsque la rétribution n'a pu être saisie, seront déclarés acquis au Trésor.

Article 220 : Tout coupable de trahison, d'attentat ou de complot contre la sûreté intérieure de l'Etat pourra être frappé, pour cinq ans au moins et dix ans au plus, de l'interdiction du droit de vote et du droit d'éligibilité.

Annexe III

Loi organique n° 13/011-B du 11 avril 2013 portant organisation, fonctionnement et compétences des juridictions de l'ordre judiciaire

Titre 1er : De l'organisation et du fonctionnement

Chapitre 1er : Du personnel judiciaire

Article 1er Le personnel judiciaire comprend les magistrats, les agents de la police judiciaire des Parquets, les officiers de police judiciaire et ·les agents de l'ordre judiciaire des Cours, Tribunaux et Parquets civils et militaires.

Article 2 Sont magistrats :

1. Le Premier président, les Présidents et les Conseillers de la Cour de cassation ; le Premier président, les Présidents et les Conseillers de la Haute Cour militaire ; le Premier président, les Présidents et les Conseillers de la Cour d'appel ; le Premier président, les Présidents et les Conseillers de la ·Cour militaire et de la Cour militaire opérationnelle ; le Président et les juges des Tribunaux de grande instance ; le Président et les juges des Tribunaux de commerce ; le Président et les juges des Tribunaux de travail ; le Président et les juges des Tribunaux militaires de garnison ; le Président et les juges des Tribunaux de paix ; le Président et les juges des Tribunaux militaires de police.

2. Le Procureur-général, les Premiers Avocats généraux et les Avocats généraux près la Cour de cassation ; l'Auditeur général des forces armées, les Premiers Avocats généraux des forces armées et les Avocats généraux des forces armées prés la Haute Cour militaire ; le Procureur général, les Avocats généraux et les Substituts du procureur général près les Cours d'Appel ; l'Auditeur militaire supérieur, les Avocats généraux militaires et les Substituts de l'Auditeur militaire supérieur près les Cours militaires ; le Procureur de la République, les Premiers substituts et substituts du Procureur de la République près les Tribunaux de grande instance ; l'Auditeur militaire de garnison, les Premiers substituts et substituts de l'Auditeur de garnison près les Tribunaux militaires de garnison.

Article 3 Sont agents de l'Ordre judiciaire : les fonctionnaires et agents administratifs des greffes, des secrétariats des parquets, des services de la police judiciaire des Parquets ainsi que les huissiers, lorsque ceux-ci sont de carrière.

Ils sont tous régis par le statut du personnel de carrière des services publics de l'État.

Article 4 Les agents de la police judiciaire des Parquets sont officiers de police judiciaire. Leur compétence s'étend à toutes les infractions et surtout le territoire de la République.

Article 5 Sont officiers de police judiciaire ceux auxquels cette qualité est conférée par la loi ou par arrêté du ministre ayant la justice dans ses attributions.

Le Ministre ayant la Justice dans ses attributions peut par arrêté conférer la qualité d'officier de police judiciaire soit par nomination personnelle, soit par commission générale à une catégorie d'agents des services publics, des établissements publics ou des entreprises publiques ou privées. L'arrêté détermine la compétence matérielle et territoriale.

Les officiers de police judiciaire du Parquet sont chacun régis par le statut dont ils relèvent.

Chapitre II : Des Juridictions

Section 1ère : Des dispositions générales

Article 6 Les juridictions de l'Ordre judiciaire sont : les tribunaux de paix, les tribunaux militaires de police, les tribunaux de grande instance, les tribunaux de commerce, les tribunaux du travail, les tribunaux militaires de garnison, les Cours militaires, les Cours militaires opérationnelles, les Cours d'appel, la Haute Cour militaire et la Cour de cassation.

L'organisation, la compétence et le fonctionnement des tribunaux de commerce et des tribunaux du travail sont fixés par les lois qui les instituent.

Les règles de compétence, d'organisation et de fonctionnement des juridictions militaires sont fixées par une loi organique distincte conformément à l'article 156 de la Constitution.

Les juridictions spécialisées de l'Ordre judiciaire non visées par la présente loi organique sont créées et organisées conformément aux dispositions de l'article 149, alinéa 5, de la Constitution.

Section 2 : Des Tribunaux de paix

Sous - section 1ère : Du ressort

Article 7 Il existe un ou plusieurs tribunaux de paix dans chaque territoire, ville et commune.

Toutefois, il peut être crée un seul Tribunal de paix pour deux ou plusieurs territoires, villes et communes.

Le siège ordinaire et le ressort des tribunaux de paix sont fixés par décret du Premier ministre.

Article 8 Il peut être créé dans le ressort d'un tribunal de paix un ou plusieurs sièges secondaires. Leurs sièges et ressorts sont fixés par arrêté du Ministre ayant la Justice dans ses attributions.

Sous-section 2 : De la composition et de l'organisation.

Article 9 Le Tribunal de paix est composé d'un Président et des juges.

En cas d'absence ou d'empêchement, le président est remplacé par le juge le plus ancien d'après la date et l'ordre des nominations.

Article 10 Le Tribunal de paix siège au nombre de trois juges en matière répressive, d'un seul juge en matière civile. Toutefois, il siège au nombre de trois juges lorsqu'il y a lieu de faire application de la coutume locale. Dans ce cas, deux des trois juges sont des notables du lieu désigné par le Président de la juridiction.

Le notable ainsi assumé prête, devant le président, le serment suivant :

« Je jure de respecter la Constitution et les lois de la République Démocratique du Congo et de remplir loyalement et fidèlement, avec honneur et dignité, les fonctions qui me sont confiées ».

Article 11 Le Président ou celui qui le remplace est chargé de la répartition du service.

Article 12 Il y a dans chaque Tribunal de paix un greffier qui peut être assisté d'un ou de plusieurs adjoints.

Article 13 Le Tribunal de paix siège avec l'assistance d'un greffier et le concours du Ministère public.

Section 3 : Des Tribunaux de grande instance

Sous-section 1ère : Du ressort

Article 14 Il existe un ou plusieurs tribunaux de grande instance dans chaque ville. Toutefois il peut être installé un seul Tribunal de grande instance pour deux ou plusieurs territoires.

Le siège ordinaire et le ressort de ces tribunaux sont fixés par décret du Premier ministre.

Sous-section 2 : De la composition et de l'organisation.

Article 15 Le Tribunal de grande instance est composé d'un président et des juges.

En cas d'absence ou d'empêchement, le président est remplacé par le juge le plus ancien, d'après la date et l'ordre de nominations.

Article 16 Le Tribunal de grande instance siège au nombre de trois juges.

Dans le cas où l'effectif des juges du tribunal de grande instance présents au lieu où le Tribunal tient une audience ne permet pas de composer le siège, le Président du Tribunal peut assumer, au titre de juge, sur réquisition motivée du Procureur de la République, un magistrat du Parquet près le tribunal de grande instance, un avocat ou un défenseur judiciaire résidant en ce lieu ou un magistrat militaire du tribunal militaire de garnison ou du parquet militaire près cette juridiction.

Article 17 L'avocat ou le défenseur judiciaire assumé prête entre les mains du président, le serment prévu à l'article 10 de la présente loi organique.

Article 18 Les dispositions des articles 11 à 13 de la présente loi organique s'appliquent mutatis mutandis aux tribunaux de grande instance.

Section 4 : Des Cours d'appel

Sous-section 1ère : Du ressort

Article 19 Il existe une ou plusieurs Cours d'appel dans chaque province et dans la Ville de Kinshasa.

Le siège ordinaire et le ressort de la Cour d'appel sont fixés par décret du Premier ministre.

Sous-section 2 : De la composition et de l'organisation

Article 20 La Cour d'appel est composée d'un Premier président, d'un ou de plusieurs Présidents et de Conseillers.

En cas d'absence ou d'empêchement, le Premier Président est remplacé d'après l'ordre des nominations par le Président le plus ancien et ce dernier par le Conseiller le plus ancien.

Article 21 Le Premier Président est chargé de la répartition du service.

Le service d'ordre intérieur des Cours et Tribunaux est réglé par ordonnance du Premier président de la Cour d'appel.

Article 22 La Cour d'appel siège au nombre de trois membres.

Toutefois, elle siège au nombre de cinq membres pour les infractions prévues au Statut de Rome de la Cour pénale internationale.

Article 23 Les dispositions des articles 12 et 13 de la présente loi organique s'appliquent mutatis mutandis à la Cour d'appel.

Section 5 : De la Cour de cassation

Sous-section 1ère : Du ressort

Article 24 Il existe une Cour de cassation dont le siège ordinaire est établi dans la capitale de la République Démocratique du Congo.

Le ressort de la Cour de cassation s'étend sur l'ensemble du territoire national.

Les Cours et Tribunaux civils et militaires de l'ordre judiciaire sont placés sous son contrôle.

Sous-section 2 : De la composition et de l'organisation

Article 25 La Cour de cassation comprend un Premier président, des Présidents et des Conseillers.

Article 26 Le Premier président de la Cour de cassation est chargé de l'administration de la Cour.

Il fixe par ordonnance son règlement intérieur.

Article 27 Les dispositions de l'article 20 alinéa 2 de la présente loi organique sont applicables mutatis mutandis à la Cour de cassation.

Article 28 Certains magistrats du siège et du Parquet choisis sur les mérites de leurs publications par le Conseil supérieur de la magistrature, peuvent être affectés à la Cour de cassation en qualité de conseillers référendaires.

Ceux-ci assistent les magistrats de la Cour et du parquet général dans l'accomplissement de leur mission. Ils sont affectés conformément au statut des magistrats.

Article 29 Le premier président de la Cour de cassation est assisté d'un cabinet dont le personnel est choisi par lui.

Article 30 Le greffe est dirigé par un Greffier en chef. Celui-ci a le grade de Secrétaire général de l'Administration publique. Il est assisté d'un ou de plusieurs greffiers.

Sous-section 2 : Des formations de la Cour de cassation

Article 31 La Cour de cassation comprend trois formations :

1. les chambres ;

2. les chambres restreintes ;

3. les chambres réunies.

Article 32 La Cour de cassation comprend quatre chambres :

1. la chambre des pourvois en cassation en matière civile ;

2. la chambre des pourvois en cassation en matière commerciale ;

3. la chambre des pourvois en cassation en matière sociale ainsi que des procédures spéciales devant la Cour de cassation ;

4. la chambre des pourvois en cassation en matière pénale 'et des appels des arrêts rendus au premier degré par les Cours d'appel en matière répressive.

Chaque chambre siège au nombre de cinq membres.

Elle est présidée par son Président. Celui-ci est remplacé par le plus ancien des conseillers en cas d'absence ou d'empêchement.

Le Premier président peut présider toute chambre de la Cour.

Article 33 Chacune des chambres comprend une formation restreinte composée des trois membres désignés par le Premier président de la Cour.

La Chambre restreinte statue sur les pourvois manifestement irrecevables ou lorsque la cause ne relève pas, de façon évidente, de la compétence de la Cour de cassation.

À la demande de la composition, le pourvoi soumis à la formation restreinte peut être renvoyé à la composition normale de la chambre.

Article 34 La Cour de cassation, chambres réunies, comprend tous les Présidents des chambres ainsi que les Conseillers les plus anciens de chaque chambre.

Le Premier Président convoque et préside les chambres réunies de la Cour de Cassation.

En cas d'absence ou d'empêchement du Premier président, les chambres réunies sont convoquées et présidées conformément aux dispositions des articles 20 alinéa 2 et 27 de la présente loi organique.

Dans ce cas, un autre Conseiller de sa chambre est désigné dans la composition.

Les chambres réunies siègent au nombre de sept membres au moins. Dans tous les cas, elles siègent en nombre impair.

Article 35 Les chambres réunies connaissent :

1. des pourvois qui soulèvent des questions de principe ;

2. des pourvois portant sur des matières complexes susceptibles de recevoir des solutions divergentes ;

3. des pourvois soumis à la Cour de cassation lorsque le juge de renvoi ne s'est pas conformé au point de droit jugé par elle ;

4. des pourvois introduits après cassation contre le jugement ou l'arrêt rendu par la juridiction de renvoi ;

5. des pourvois du Procureur général introduits sur injonction du Ministre de la Justice ;

6. des pourvois du Procureur général introduits dans le seul intérêt de la loi ;

7. de tout pourvoi lorsque le Procureur général ou un Président de chambre le sollicite

8. des pourvois introduits pour la deuxième fois après cassation et concernant la même cause et les mêmes parties ;

9. des renvois ordonnés après cassation en matière d'infractions intentionnelles flagrantes ou réputées telles ;

10. des cas de revirement de jurisprudence de la Cour ;

11. au fond en premier et dernier ressort des infractions commises par les personnes visées à l'article 93 de la présente loi organique.

Article 36 En toutes affaires, la Cour de cassation siège avec le concours du Ministère public et l'assistance du greffier.

Section 6. : Des dispositions communes

Sous-section 1ère : Des greffiers et des huissiers

Article 37 Le greffier assiste le juge dans les actes et procès- verbaux de son ministère.

Il les signe avec lui.

Si un acte, un arrêt ou un jugement ne peut être signé par le greffier qui y a concouru, le juge constate l'impossibilité sur l'acte à signer et le signe seul.

Article 38 Le greffier garde les minutes, registres et tous les actes afférents à la juridiction près laquelle il est établi. Il délivre les grosses, expéditions et extraits des arrêts ou jugements et ordonnances, écrit ce qui est prononcé ou dicté par le juge et dresse acte de diverses formalités dont l'accomplissement doit être constaté.

Article 39 En cas d'absence ou d'empêchement, le greffier est remplacé par un de ses adjoints ou, à défaut, par toute personne majeure assumée par le juge.

Article 40 Les huissiers sont chargés du service intérieur des Cours et Tribunaux et de la signification de tous les exploits.

Le président de la juridiction désigne les huissiers parmi les agents de l'ordre judiciaire mis à sa disposition.

Les présidents des tribunaux de grande instance et les présidents des tribunaux de paix peuvent désigner des huissiers suppléants parmi les agents administratifs des services publics de leur ressort.

Ces huissiers suppléants ne peuvent être chargés du service intérieur des tribunaux.

Sous-section 2 : Du délibéré et du prononcé des arrêts et jugements

Article 41 Les délibérés sont secrets.

Le juge le moins ancien du rang le moins élevé donne son avis le premier ; le président le dernier.

Article 42 Les décisions sont prises à la majorité des voix.

Toutefois, en matière répressive, s'il se forme plus de deux opinions dans le délibéré le juge qui a émis l'opinion la moins favorable au prévenu est tenu de se rallier à l'une des deux autres opinions.

En matière de droit privé, s'il se forme plus de deux opinions, le juge le moins ancien, du rang le moins élevé est tenu de se rallier à l'une des deux autres opinions.

Article 43 La chambre qui prend une cause en délibéré en indique la date du prononcé.

Le prononcé intervient au plus tard dans les trente jours en matières civile, commerciale ou sociale et dans les dix jours en matière répressive.

Toutefois, le chef de la juridiction peut, à la demande de la chambre saisie, et si les éléments de la cause le justifient ou en cas de force majeure dûment prouvée, proroger ce délai de quinze jours en matières civile, commerciale ou sociale et de cinq jours en matière répressive par une ordonnance motivée, laquelle est aussitôt signifiée aux parties.

En matière pénale, lorsque le jugement ou l'arrêt est prononcé en l'absence des parties et au-delà du délai sans notification préalable de la date du prononcé aux parties, le délai de recours court à partir de la signification de la décision.

Sous-section 3 : De la surveillance administrative des juridictions

Article 44 La Cour de cassation et, dans leurs ressorts respectifs, les Cours et Tribunaux, ont droit' de surveillance et d'inspection sur les juridictions inférieures.

La surveillance est exercée par le chef de la juridiction ou par son remplaçant.

Sous-section 4 : Des audiences foraines

Article 45 S'ils l'estiment nécessaire pour la bonne administration de la justice ; les Cours et Tribunaux peuvent siéger dans toutes les localités de leur ressort.

Article 46 Le Ministre ayant la justice dans ses attributions peut établir, pour toutes les juridictions, des sièges secondaires dans la même localité ou les localités de leurs ressorts autres que celles où sont établis leurs sièges ordinaires.

Dans ce cas, il détermine le nombre et la périodicité des sessions qui y seront tenues et y affecte un greffier chargé de recevoir des actes de procédure.

Le greffier peut être chargé d'exercer ses fonctions auprès de toutes les juridictions dont le siège principal ou secondaire est établi dans la même localité.

Article 47 L'itinérance ne peut empêcher le fonctionnement de la juridiction au siège ordinaire.

Article 48 Avant d'entrer en fonction, toute personne appelée à remplir les fonctions de greffier ou d'huissier prête verbalement devant la juridiction ou par écrit entre les mains du magistrat qui l'a désignée ou assumée, le serment suivant : « Je jure de remplir fidèlement et loyalement les fonctions qui me sont confiées ».

Sous-section 5 : De l'impartialité des membres des Cours et Tribunaux

Paragraphe 1er. : De la récusation et du déport

Article 49 Tout juge peut être récusé pour l'une des causes limitativement énumérées ci-après :

1. si lui ou son conjoint a un intérêt personnel quelconque dans l'affaire ;

2. si lui ou son conjoint est parent ou allié soit en ligne directe, soit en ligne collatérale jusqu'au troisième degré inclusivement de l'une des parties, de son avocat ou de son mandataire ;

3. s'il existe une amitié entre lui et l'une des parties ;

4. s'il existe des liens de dépendance étroite à titre de domestique, dé serviteur ou d'employé entre lui et l'une des parties ;

5. s'il existe une inimitié entre lui et l'une des parties ;

6. s'il a déjà donné son avis dans l'affaire ;

7. s'il est déjà intervenu dans l'affaire en qualité de juge, de témoin, d'interprète, d'expert, d'agent de l'administration, d'avocat ou de défenseur judiciaire ;

8. s'il est déjà intervenu dans l'affaire en qualité d'officier de police judiciaire ou d'officier du Ministère Public.

Article 50 Celui qui veut récuser le fait sous peine d'irrecevabilité dès qu'il a connaissance de la cause de récusation et au plus tard avant la clôture des débats, par une déclaration motivée et actée au greffe de la juridiction dont le juge mis en cause fait partie.

Le greffier de la juridiction notifie la déclaration de récusation au président de la juridiction ainsi qu'au juge mis en cause. Ce dernier fait une déclaration écrite ou verbale, actée par le greffier dans les deux jours de la notification de l'acte de récusation.

Article 51 La juridiction à laquelle appartient le juge mis en cause statue sur la récusation toutes affaires cessantes et dans la forme ordinaire, la partie récusante entendue.

Le juge mis en cause ne peut faire partie du siège appelé à statuer sur la récusation.

Article 52 Si le tribunal statuant en premier ressort rejette la récusation, il peut ordonner, pour cause d'urgence, que le siège comprenant le juge ayant fait l'objet de la récusation rejetée poursuive l'instruction de la cause, nonobstant appel.

Article 53 Si le jugement rejetant la récusation est maintenu par la juridiction d'appel, celle-ci peut, après avoir appelé le récusant, le condamner à une amende de cinq cent mille francs congolais, sans préjudice des dommages — intérêts envers le juge mis en cause.

Les décisions sur la récusation intervenues au premier degré devant la Cour d'appel sont susceptibles d'appel devant la Cour de cassation.

Lorsque la récusation est dirigée contre un magistrat siégeant à la Cour de cassation, cette juridiction peut, en cas de rejet de la récusation, prononcer les condamnations prévues à l'alinéa premier.

Article 54 En cas d'infirmation du jugement rejetant la récusation, le juge d'appel annule toute la procédure du premier degré qui en est la suite et renvoie les parties devant le même tribunal pour y être jugées par un autre juge ou devant un tribunal voisin du même degré, sans préjudice de l'action disciplinaire.

Les dispositions relatives à la récusation sont applicables à l'officier du Ministère Public lorsqu'il intervient par voie d'avis.

Article 56 Le juge se trouvant dans une des hypothèses prévues à l'article 49 de la présente loi organique est tenu de se déporter, sous peine de poursuites disciplinaires.

Article 57 Le juge qui désire se déporter informe le -Président de la juridiction à laquelle il appartient en vue de pourvoir à son remplacement.

Article 58 Les dispositions relatives au déport sont applicables à l'officier du Ministère Public lorsqu'il intervient par voie d'avis.

Article 59 L'inculpé qui estime que l'officier du Ministère Public appelé à instruire son affaire se trouve dans l'une des hypothèses prévues à l'article 50 de la présente loi organique, adresse au chef hiérarchique, une requête motivée tendant à voir ce magistrat être déchargé de l'instruction de la cause. Il est répondu à cette requête par une ordonnance motivée, non susceptible de recours, qui doit être rendue dans les délais de quarante-huit heures, le magistrat mis en cause entendu.

Paragraphe 2. Des renvois de juridiction

Article 60 Le Tribunal de grande instance peut, pour cause de sûreté publique ou de suspicion légitime, renvoyer la connaissance d'une affaire, d'un Tribunal de paix de son ressort à un autre Tribunal de paix du même ressort.

La Cour d'appel peut, pour les mêmes causes, renvoyer la connaissance d'une affaire d'un tribunal de grande instance de son ressort à un autre Tribunal de grande instance du même ressort.

La Cour de cassation peut, pour les mêmes causes, renvoyer la connaissance d'une affaire d'une Cour d'appel à une autre ou d'une juridiction du ressort d'une Cour d'appel à une juridiction de même rang du ressort d'une autre Cour d'appel.

Article 61 La requête aux fins de renvoi pour cause de sûreté publique ou de suspicion légitime peut être présentée, soit par le Procureur général près la Cour de cassation, soit par l'officier du Ministère Public près la juridiction saisie.

Pour cause de suspicion, la requête peut également être présentée par les parties. Elle est introduite par écrit.

La juridiction saisie de la demande de renvoi donne acte du dépôt de la requête.

Sur production d'une expédition de cet acte par le Ministère Public ou par la partie la plus diligente, la juridiction saisie quant au fond sursoit à statuer.

La date d'audience est notifiée à toutes les parties en cause dans les formes et délais ordinaires.

Les débats se déroulent de la manière suivante :

1. le requérant expose ses moyens ;

2. la partie adverse présente ses observations ;

3. le Ministère Public donne son avis s'il échet ;

4. le tribunal clôt les débats et prend l'affaire en délibéré.

Une expédition du jugement ou de l'arrêt de renvoi sera transmise, tant au greffe de la juridiction saisie qu' au greffe de la juridiction à laquelle la connaissance de l'affaire a été renvoyée.

La décision sur la requête est rendue dans la huitaine de la prise en délibéré de l'affaire. Elle n'est susceptible ni d'opposition ni d'appel.

Article 62 Si la requête aux fins de renvoi pour cause de suspicion légitime est déclarée non fondée, la juridiction saisie peut, après avoir appelé le requérant, le condamner à l'amende prévue à l'article 53 de la présente loi organique sans préjudice des dommages- intérêts envers les juges composant la juridiction mise en cause.

Sous-section 6 : Des vacances

Article 63 Les Cours et Tribunaux prennent des vacances qui sont mises à profit pour des congés de reconstitution de leurs magistrats et de leur personnel.

Les vacances commencent le 15 août et se terminent le 15 octobre de chaque année.

Il n'est tenu, au cours des vacances, que les audiences strictement nécessaires pour.

Le jugement des causes déclarées urgentes par les Premiers présidents des Cours et les Présidents des Tribunaux ou pour le prononcé des arrêts et jugements.

Toutefois, l'instruction et le jugement des affaires répressives ne peuvent ni être empêchés, ni être retardés ou interrompus.

Article 64 Le 15 octobre de chaque année, la Cour de cassation se réunit en audience solennelle et publique au cours de laquelle le Premier président prononce un discours, le Procureur général une mercuriale et le bâtonnier du Barreau près la Cour de cassation une allocution.

Il est tenu une audience similaire devant chaque Cour d'appel le 29 octobre de chaque année.

Chapitre III : Du Parquet ou Ministère Public

Section 1ère : De l'institution

Article 65 Il est institué un Parquet près chaque juridiction.

Le parquet est ainsi constitué :

- près le Tribunal de paix, d'un premier substitut du Procureur de la République auquel sont adjoints un ou plusieurs substituts du Procureur de la République ;

- près le Tribunal de grande instance, d'un Procureur de la République assisté d'un ou de plusieurs Premiers Substituts et d'un ou plusieurs Substituts du Procureur de la République ;

- près la Cour d'appel, d'un Procureur général assisté d'un ou plusieurs Avocats généraux et d'un ou plusieurs Substituts du Procureur général ;

- près la Cour de cassation, d'un Procureur général assisté d'un ou plusieurs Premiers avocats généraux et d'un ou plusieurs Avocats généraux.

Section 2 : Des attributions

Article 66 Le Ministère public surveille l'exécution des actes législatifs, des actes réglementaires et des décisions de justice.

Il poursuit d'office cette exécution dans les dispositions qui intéressent l'ordre public.

Il a la surveillance de tous les officiers de police judiciaire, des officiers publics et des officiers ministériels, sauf des agents du greffe et de l'office des huissiers.

Il veille au maintien de l'ordre dans les Cours et tribunaux sans préjudice des pouvoirs du Juge qui a la police de l'audience.

Il assiste à toutes les audiences de la Cour de cassation, des Cours d'appel, des tribunaux de grande instance, des tribunaux de commerce, des tribunaux de travail et des tribunaux de paix. Il ne prend pas part au délibéré.

Article 67 En matière répressive, le Ministère public recherche les infractions aux actes législatifs et réglementaires qui sont commises sur le territoire de la République.

Il reçoit les plaintes et les dénonciations, accomplit tous les actes d'instruction et saisit les Cours et tribunaux.

Article 68 En matière de droit privé, le Ministère public intervient soit par voie d'avis, soit par voie d'action.

Il donne obligatoirement son avis dans les cas prévus par la loi.

Il peut agir par voie d'action principale dans l'intérêt de toute personne physique lésée qui serait inapte à ester en justice, à assurer sa défense et à y pourvoir.

Il peut par voie de requête écrite, demander au Président de la juridiction, la désignation d'un conseil ou d'un défenseur chargé d'assister les personnes visées à l'alinéa précédent.

Il agit d'office comme, partie principale ou intervenante dans les cas spécifiés par la loi et chaque fois que l'intérêt public exige son concours.

Article 69 Sont obligatoirement communiqués pour avis au Ministère Public :

1° les causes concernant l'État, les provinces, les entités territoriales décentralisées, les établissements publics et les entreprises publiques ;

2° les procédures relatives à l'absence des personnes, aux actes de l'état civil, à l'ouverture, à l'organisation et au fonctionnement des tutelles, la mise sous conseil judiciaire ainsi que les litiges relatifs aux successions ;

3° les demandes qui intéressent les mineurs, les interdits, et les personnes placées sous curatelle ou qui concernent l'administration 'du patrimoine des faillis ;

4 ° les déclinatoires sur incompétence, litispendance ou connexité et les renvois de juridiction ; 5 ° les actions civiles introduites en raison d'un délit de presse ;

6° les récusations, prises à partie, règlement de juges, requêtes civiles et faux incidents civils ; 7° les procédures en matière de faillite ou de concordat judiciaires ;

8 ° les contestations relatives au droit du travail et au régime de la sécurité sociale des travailleurs·

9 ° les causes mues par les personnes qui 'sont admises soit comme indigentes, soit comme inaptes à ester ou à se défendre en justice chaque fois que l'assistance judiciaire a été accordée.

L'avis du Ministère Public est donné par écrit dans les trente jours après que la cause lui ait été communiquée, à moins qu'en raison des circonstances de l'affaire, il puisse être émis verbalement sur les bancs ; dans ce cas, l'avis est acté à la feuille d'audience.

Sans préjudice des dispositions de l'article 47 litera 1 de la loi portant statut des magistrats, si l'avis n'est pas donné dans ce délai, le chef de la juridiction fait obligation au chef d'office de ramener le dossier en l'état et la cause est prise en délibéré.

La décision rendue mentionne que l'avis du Ministère Public n'a pas été donné dans le délai.

Section 3 : De l'organisation

Article 70 Les officiers du Ministère Public sont placés sous l'autorité du Ministre ayant la justice dans ses attributions. Celui-ci dispose d'un pouvoir d'injonction sur le Parquet.

Il l'exerce en saisissant le Procureur général près la Cour de cassation ou le Procureur général près la Cour d'appel selon le cas sans avoir à interférer dans la conduite de l'action publique.

Article 71 Le Ministère public remplit les devoirs de son office auprès des juridictions établies dans son ressort.

Article 72 Le Procureur général près la Cour de cassation exerce les fonctions du Ministère Public près cette juridiction, en ce compris l'action publique.

Il peut cependant, sur injonction du Ministre de la justice :

- initier ou continuer toute instruction préparatoire portant sur des faits infractionnels qui ne ressortent pas de la compétence de la Cour de cassation.

- requérir et soutenir l'action publique devant tous les Cours et Tribunaux à tous les niveaux.

Il peut également, sur injonction du Ministre de la justice, ou d'office et pour l'exécution des mêmes devoirs faire injonction aux Procureurs généraux près la Cour d'appel.

Article 73 Le Procureur général près la Cour de Cassation a un droit de surveillance et d'inspection sur les Parquets généraux près les Cours d'appel.

Il peut, à ce titre, demander et recevoir en communication tout dossier judiciaire en instruction à l'office du Procureur général près la Cour d'appel ou à celui du Procureur de la République.

Il ne peut cependant, à peine de nullité de la procédure, poser des actes d'instruction ou de poursuite dans le dossier reçu en communication que sur injonction du Ministre de la Justice.

Article 74 Le Procureur général près la Cour de cassation règle l'ordre intérieur du Parquet près la Cour de cassation.

Article 75 En cas d'absence ou d'empêchement, le Procureur général près la Cour de cassation est remplacé dans l'exercice de ses fonctions par le Premier avocat général le plus ancien dans le grade ou, à défaut, par l'Avocat général le plus ancien.

Article 76 Le secrétariat du Parquet général est dirigé par un Premier secrétaire. Celui-ci a le grade de Secrétaire général de l'Administration publique.

Il est assisté d'un ou de plusieurs secrétaires.

Article 77 L'exercice de l'action publique dans toute sa plénitude et devant toutes les juridictions du ressort de la Cour d'Appel appartient au Procureur général près cette Cour.

Le Procureur général porte la parole aux audiences solennelles de la Cour d'appel.

Il peut aussi le faire aux audiences des chambres s'il le juge nécessaire.

Article 78 Le Procureur général près la Cour d'appel règle l'ordre intérieur des parquets.

Article 79 En cas d'absence ou d'empêchement, le Procureur général est remplacé par le plus ancien des Avocats généraux ou, à défaut, par le plus ancien des Substituts du Procureur général.

Article 80 Le Procureur de la République exerce sous la surveillance et la direction du Procureur général près la Cour d'appel les fonctions du Ministère Public près le Tribunal de grande instance et les Tribunaux de paix de son ressort.

Article 81 En cas d'absence ou d'empêchement, le Procureur de la République est remplacé par le plus ancien des Premiers substituts ou, à défaut, par le plus ancien Substitut résidant au siège du Tribunal de grande instance.

Article 82 Le Premier Substitut du Procureur de la République exerce sous la surveillance et la direction du Procureur de la République les fonctions de Ministère Public près les Tribunaux de paix.

Article 83 L'ancienneté est réglée par la date et l'ordre de nomination

Article 84 En matière répressive ou disciplinaire, sans préjudice du droit des parties en cause de prendre connaissance et de recevoir copie du dossier de la poursuite, lorsque le Tribunal est saisi du fond de la cause et jusqu'à décision définitive, aucun acte d'instruction ou de procédure ne peut être communiqué et aucune expédition ou copie des actes d'instruction ou de procédure ne peut être délivrée sans autorisation du Procureur général près la Cour d'appel, ou au niveau de la Cour de cassation, du Procureur général près cette Cour.

Toutefois, sur demande des parties, la plainte, la dénonciation, les ordonnances, les jugements et les arrêts sont communiqués ou délivrés en expédition.

Titre II: De la Compétence judiciaire

Chapitre 1 : Des Cours et Tribunaux répressifs

Section 1 : De la compétence matérielle

Sous-section 1ère : Des Tribunaux de paix

Article 85 Les Tribunaux de paix connaissent des infractions punissables au maximum de cinq ans de servitude pénale principale et d'une peine d'amende, quel que soit son taux, ou de l'une décès peines seulement.

Article 86 Lorsqu'un Tribunal de paix se déclare incompétent en raison du taux de la peine à appliquer, le jugement n'est susceptible d'aucun recours.

Article 87 Les Tribunaux de paix peuvent prendre des mesures d'internement de tout individu tombant sous l'application de la législation sur le vagabondage et la mendicité.

Article 88 Sans préjudice des dispositions de l'article 86 de la présente loi organique, les jugements rendus par les Tribunaux de paix sont susceptibles d'opposition et d'appel.

Sous-section 2 : Des Tribunaux de grande instance

Article 89 Les tribunaux de grande instance connaissent des infractions punissables de la peine de mort et de celles punissables d'une peine excédant cinq ans de servitude pénale principale.

Ils connaissent en premier ressort des infractions commises par les Conseillers urbains, les Bourgmestres, les Chefs de secteur, les Chefs de chefferie et leurs adjoints ainsi que par les Conseillers communaux, les Conseillers de secteur et les Conseillers de chefferie.

Sans préjudice des dispositions de l'article 86 de la présente loi organique, ils connaissent également de l'appel des jugements rendus par les tribunaux de paix.

Article 90 Les jugements rendus en premier ressort par les tribunaux de grande instance sont susceptibles d'opposition et d'appel.

Sous-section 3 : Des Cours d'appel

Article 91 Les Cours d'appel connaissent de l'appel des jugements rendus en premier ressort par les tribunaux de grande instance et les tribunaux de commerce.

Elles connaissent également, au premier degré :

1) du crime de génocide, des crimes de guerre et des crimes contre l'humanité commis par les personnes relevant de leur compétence et de celle des tribunaux de grande 'instance ;

2) des infractions commises par les membres de l'Assemblée provinciale, les magistrats, les Maires, les Maires adjoints, les Présidents des Conseils urbains et les fonctionnaires des services publics de l'État et les dirigeants des établissements ou entreprise publique revêtus au moins du grade de directeur ou du grade équivalent.

Lorsque le magistrat inculpé est un membre d'une Cour d'appel ou d'un Parquet général près cette Cour, les infractions sont poursuivies devant la Cour dont le siège est le plus proche de celui de la Cour au sein de laquelle ou près laquelle il exerce ses fonctions.

Article 92 Les arrêts rendus au premier degré par les Cours d'appel sont susceptibles d'opposition et d'appel.

Sous-section 4 : De la Cour de cassation

Article 93 La Cour de cassation connaît en premier et dernier ressort des infractions commises par :

1. les membres de l'Assemblée Nationale et du Sénat ;

2. les membres du Gouvernement autres que le Premier Ministre ;

3. les membres de la Cour constitutionnelle et ceux du Parquet près cette Cour ;

4. les membres de la Cour de Cassation et ceux du Parquet près cette Cour ;

5. les membres du Conseil d'État et ceux du Parquet près ce Conseil ;

6. les membres de la Cour des Comptes et ceux du Parquet près cette Cour ;

7. les Premiers Présidents des Cours d'appel et des Cours administratives d'appel ainsi que les Procureurs Généraux près ces Cours ;

8. les Gouverneurs, les Vice Gouverneurs de province et les Ministres provinciaux ainsi que les Présidents des Assemblées provinciales.

Article 94 La Cour de cassation cannait aussi de l'appel des arrêts rendus au premier degré par les Cours d'appel.

Article 95 La Cour de cassation connaît des pourvois pour violation des, traités internationaux dûment ratifiés, de la loi ou de la coutume formés contre les arrêts et jugements rendus en dernier ressort par les Cours et tribunaux civils et militaires de l'ordre judiciaire.

Article 96 La violation de la loi ou de la coutume comprend notamment :

1. l'incompétence ;

2. l'excès de pouvoirs des Cours et Tribunaux ;

3. la fausse application ou la fausse interprétation ;

4. la non-conformité aux lois ou à l'ordre public de la coutume dont il a été fait application ;

5. la violation des formes substantielles ou prescrites à peine de nullité.

Article 97 Le pourvoi régulièrement formé contre le jugement définitif rendu sur le fond d'une contestation s'étend à tous les jugements rendus dans les mêmes instances entre les mêmes parties.

L'acquiescement d'une partie à un jugement la rend non recevable à se pourvoir en cassation contre ce même jugement, sauf si l'ordre public est intéressé.

Article 98 La Cour de cassation connaît, en outre, des prises à partie, des demandes en révision, des règlements de juges, des demandes en renvoi d'une Cour d'appel à une autre Cour d'appel ou d'une juridiction du ressort d'une Cour d'appel à une juridiction du même rang du ressort d'une autre Cour d'appel, des renvois ordonnés après une deuxième cassation par la Cour de cassation et du' renvoi ordonné après cassation sur injonction du Ministre ayant la Justice dans ses attributions.

Sous-section 5 : Des dispositions communes.

Article 99 Lorsqu'une personne est poursuivie simultanément du chef de plusieurs infractions qui sont de la compétence de juridictions de nature ou de rang différents, la juridiction ordinaire du rang le plus élevé, compétente en raison de l'une des infractions, l'est aussi pour connaître des autres.

Article 100 Sans préjudice des dispositions des articles 120 et 121 du Code judiciaire militaire, lorsque plusieurs personnes justiciables des juridictions de nature ou de rang différents, sont poursuivies, en raison de leur participation à une infraction ou à des infractions connexes, elles sont jugées l'une et l'autre par la juridiction ordinaire compétente du rang le plus élevé.

Article 101 La disjonction des poursuites au cours des débats laisse subsister la prorogation de compétence.

Article 102 Lorsque deux tribunaux compétents se trouvent saisis des mêmes faits, le tribunal de rang le moins élevé décline sa compétence.

Article 103 Si un tribunal saisi d'une infraction de sa compétence, constate que les faits constituent une infraction dont la, compétence est attribuée à un tribunal inférieur, il statue sur l'action publique et éventuellement sur l'action civile et des dommages-intérêts à allouer d'office.

Section 2 : De la compétence territoriale

Article 104 Sont compétents le juge du lieu où l'une des infractions a été commise, de la résidence du prévenu et celui du lieu où le prévenu aura été trouvé.

Lorsque plusieurs personnes sont poursuivies conjointement comme coauteurs ou complices d'infractions connexes, le Tribunal compétent au point de vue territorial pour juger l'une d'elles est compétent pour juger toutes les autres.

La disjonction des poursuites au cours des débats laisse subsister la prorogation de compétence.

Article 105 Lorsque deux ou plusieurs tribunaux de même rang, compétents territorialement, se trouvent saisis des mêmes faits, le Tribunal saisi le premier est préféré aux autres.

Article 106 Lorsqu'un inculpé est amené au parquet où se trouve le siège ordinaire d'un Tribunal pour les besoins d'une instruction préparatoire relative à des faits paraissant, par leur nature ou en raison de la connexité, de la compétence matérielle et territoriale de ce tribunal, tout tribunal d'un rang inférieur, ayant le même siège ordinaire, peut connaître des faits, s'il est compétent en raison de la matière.

Lorsqu'un inculpé est amené, pour les besoins de l'instruction préparatoire, en dehors du ressort de sa résidence et/ou de la commission de l'infraction, toute juridiction du lieu d'instruction préparatoire peut connaître des faits s'il est compétent en raison de la matière.

Section 3 : De l'action civile

Article 107 L'action en réparation du dommage causé par une infraction peut être poursuivie en même temps que l'action publique et devant le même juge.

Il en est de même des demandes de dommages- intérêts formées par le prévenu contre la partie civile ou contre les Co prévenus.

Article 108 Sans préjudice du droit des parties de se réserver et d'assurer elles-mêmes la défense de leurs intérêts et de suivre la voie de leur choix, les Tribunaux répressifs saisis de l'action publique prononcent d'office les dommages-intérêts et réparations, qui peuvent être dus en vertu de la loi, de la coutume ou des usages locaux.

Article 109 La restitution des objets sur lesquels a porté l'infraction est ordonnée d'office lorsqu'ils ont été retrouvés en nature et que la propriété n'en est pas contestée.

Chapitre II : Des Cours et Tribunaux civils

Section 1ère : De la compétence matérielle

Sous-section 1ère : Des Tribunaux de paix

Article 110 Les Tribunaux de paix connaissent de toute contestation portant sur le droit de la famille, les successions, les libéralités et les conflits fonciers collectifs ou individuels régis par la coutume.

Ils connaissent de toutes les autres contestations susceptibles d'évaluation pour autant que leur valeur ne dépasse pas deux millions cinq cent mille francs congolais.

Ils connaissent également de l'exécution des actes authentiques.

Article 111 Quelle que soit la valeur du litige, les Présidents des tribunaux de paix, ou, à défaut, les Présidents des tribunaux de grande instance, là où les tribunaux de paix ne sont pas installés, peuvent autoriser les saisies-arrêts et les saisies conservatoires en matière civile ou commerciale.

Sous-section 2 : Des Tribunaux de grande instance

Article 112 Les tribunaux de grande instance connaissent de toutes les contestations qui ne sont pas de la compétence des tribunaux de paix.

Toutefois, saisi d'une action de la compétence des tribunaux de paix, le Tribunal de grande instance statue au fond et en dernier ressort si le défendeur fait acter son accord exprès par le greffier.

Article 113 Les tribunaux de grande instance connaissent de l'exécution de toutes décisions de justice, à l'exception de celle des jugements des tribunaux de paix qui relève de la compétence de ces derniers.

Ils connaissent de l'exécution des autres actes authentiques ;

Article 114 Les tribunaux de grande instance connaissent de l'appel des jugements rendus en premier ressort par les tribunaux de paix.

Sous-section 3 : De la Cour d'Appel

Article 115 Les Cours d'appel connaissent de l'appel des jugements rendus en premier ressort par les tribunaux de grande instance, les tribunaux de commerce et les tribunaux du travail.

Sous-section 4 : De la Cour de cassation

Article 116 La Cour de cassation connaît des pourvois en cassation pour violation des traités internationaux dûment ratifiés, des lois et de la coutume contre les arrêts et jugements rendus en dernier ressort par les juridictions de l'ordre judiciaire en matières civile, commerciale et sociale.

Les dispositions de l'article 96 de la présente loi organique s'appliquent mutatis mutandis en matière civile.

Sous-section 5 : Des dispositions communes

Article 117 Les Cours et tribunaux connaissent de l'interprétation de toute décision de justice rendue par eux.

Ils connaissent également des actions en rectification d'erreur matérielle contenue dans leurs décisions.

Article 118 Si une contestation doit être tranchée suivant la coutume, les Cours et tribunaux appliquent celle-ci, pour autant qu'elle soit conforme aux lois, à l'ordre public et aux bonnes mœurs.

En cas d'absence de coutume ou lorsque celle-ci n'est pas conforme aux lois, à l'ordre public et aux bonnes mœurs, les Gours et tribunaux s'inspirent des principes généraux du droit.

Lorsque les dispositions légales ou réglementaires ont eu pour effet de substituer d'autres règles à la coutume, les Cours et tribunaux appliquent ces dispositions.

Article 119 Les décisions des juridictions étrangères sont rendues exécutoires en République Démocratique du Congo, selon le cas, par les tribunaux de grande instance, les tribunaux de commerce et les tribunaux du travail, si elles réunissent les conditions ci-après :

1. qu'elles ne contiennent rien de contraire à l'ordre public congolais ;

2. que, d'après la loi du pays où les décisions ont été rendues ; elles soient passées en force de chose jugée;

3. que, d'après la même loi, les expéditions produites réunissent les conditions nécessaires à leur authenticité ;

4. que les droits de la défense aient été respectés ;

5. que le Tribunal étranger ne soit pas uniquement compétent en raison de la nationalité du demandeur.

Article 120 Les sentences arbitrales étrangères ne sont reconnues et rendues exécutoires en République Démocratique du Congo par le tribunal de grande instance, le tribunal de commerce ou le Tribunal du travail, chacun dans le domaine de sa compétence matérielle, que si elles réunissent les conditions suivantes :

1) le requérant doit produire :

a) l'original dûment authentifié de la sentence arbitrale ou son expédition ;

b) l'original authentifié de la convention ou de la clause compromissoire dûment signée par les parties ;

c) la traduction certifiée conforme de la sentence et de la convention si elles ne sont pas rédigées en français ;

d) la preuve de paiement des frais de procédure exigés par la législation congolaise ;

2) la convention visée au point 1b doit être conforme à la loi du pays à laquelle les parties l'ont subordonnée ou, à défaut de l'indication par les parties, à la loi du pays où la sentence a été rendue ;

3) la procédure de désignation des arbitres et celle de la constitution du tribunal arbitral doivent être conformes à la loi du pays où l'arbitrage a eu lieu ;

4) les droits de la défense de la partie contre laquelle la sentence est invoquée doivent avoir été respectés lors de la procédure d'arbitrage ;

5) la sentence arbitrale ne doit plus être susceptible de recours ;

6) la sentence ne porte pas sur un différend qui, d'après la législation congolaise, ne peut être réglé par voie d'arbitrage ;

7) la sentence arbitrale ne peut être contraire à l'ordre public congolais.

Article 121 Les actes authentiques en forme exécutoire qui ont été dressés par une autorité étrangère sont rendus exécutoires en République Démocratique du Congo par les tribunaux de grande instance, aux conditions suivantes :

1. que les dispositions dont l'exécution est poursuivie n'aient rien de contraire à l'ordre public congolais ;

2. que d'après la loi du pays où ils ont été passés, ils réunissent les conditions nécessaires à leur authenticité.

Sous-section 6 : Du mode de détermination.

Article 122 La compétence est déterminée par la nature et par le montant de la demande.

Article 123 Les fruits, intérêts, arrérages, dommages-intérêts, frais et autres accessoires ne sont ajoutés au principal que s'ils ont une cause antérieure à la demande.

Article 124 Si la demande a plusieurs chefs qui proviennent de la même cause, ils sont cumulés pour déterminer la compétence.

Article 125 Si une somme réclamée fait partie d'une créance plus forte qui est contestée, c'est le montant de celle-ci qui détermine la compétence.

Article 126 Si une demande est formée par plusieurs demandeurs ou contre plusieurs défendeurs en vertu du même titre, la somme totale réclamée fixe la compétence.

Article 127 Dans les contestations sur la validité ou la résiliation d'un bail, la valeur du litige est déterminée en cumulant, au premier cas, les loyers pour toute la durée du bail, et au second cas, les loyers à échoir.

Article 128 Dans les contestations entre le créancier et le débiteur relatives aux privilèges ou aux hypothèques, la compétence est déterminée par le montant de la créance garantie.

Article 129 Lorsque les bases ci-dessus font défaut, le litige est évalué par les parties, sous le contrôle du juge.

Section 2 : De la compétence territoriale

Article 130 Le juge du domicile ou de la résidence du défendeur est seul compétent pour connaître de la cause, sauf les exceptions établies par des dispositions spéciales.

S'il y a plusieurs défendeurs, la cause est portée au choix du demandeur, devant le juge du domicile ou de la résidence de l'un d'eux.

Article 131 Les actions contre l'État peuvent, outre les dispositions des articles 130 à 138 de la présente loi organique, être introduites devant le juge du lieu où est établi le siège du Gouvernement ou le chef-lieu de Province.

Les actions contre les provinces et les entités territoriales décentralisées peuvent, outre les dispositions des articles 130 à 138 de la présente loi organique, être introduites devant le juge du lieu où ces entités ont le siège de leur administration.

Article 132 En matière mobilière, l'action est portée devant le juge du lieu dans lequel l'obligation est née ou dans lequel elle doit être ou a été exécutée.

Article 133 Les cours d'eau dont l'axe forme la limite de deux ressorts judiciaires sont considérés comme communs à chacun de ces ressorts.

Article 134 Les contestations entre associés ou entre administrateurs et associés sont portées devant le juge du siège de la société.

Le même juge est compétent, même après la dissolution de la société, pour le partage et pour les obligations qui en résultent, si l'action est intentée dans les deux ans du partage.

Article 135 L'action en reddition du compte de tutelle est portée devant le juge du lieu dans lequel la tutelle s'est ouvert e.

Les comptables et les séquestres commis par justice sont assignés devant les juges qui les ont commis.

Article 136 En matière immobilière, l'action est portée devant le juge de la situation de l'immeuble.

Les demandes accessoires en restitution de fruits et dommages-intérêts suivent le sort de la demande principale. Si l'immeuble est situé dans différents ressorts, la compétence est fixée par la partie de l'immeuble dont la superficie est la plus étendue.

Néanmoins, le demandeur peut assigner devant le juge dans le ressort duquel est située une partie quelconque de l'immeuble, pourvu que, en même temps, le défendeur y ait son domicile ou sa résidence.

Article 137 Sont portées devant le juge du ressort où la succession s'est ouverte :

1. les actions en pétition d'hérédité, les actions en partage et toutes autres actions entre cohéritiers jusqu'au partage ;

2. les actions contre l'exécuteur testamentaire si elles sont intentées dans les deux ans de l'ouverture de la succession ;

3. les actions en nullité ou en rescision du partage et garantie des lots intentées au plus tard dans les deux ans du partage ;

4. les actions des légataires' et des créanciers contre les héritiers ou l'un d'eux, si elles sont intentées dans les deux ans du décès.

Article 138 Quand la succession est ouverte en pays étranger, les actions dont il est fait mention à l'article 137 sont portées devant le Tribunal de la situation des immeubles dépendant de cette succession et ce conformément à "article ,135 de la présente loi organique.

Si la succession ne comprend pas d'immeubles situés en République Démocratique du Congo, la compétence est réglée d'après les dispositions des articles 146 et 147 de la présente loi organique.

Article 139 Les contestations en matière de faillite sont portées devant le Tribunal dans le ressort duquel la faillite est ouverte.

Article 140 Les contestations élevées sur l'exécution des jugements et arrêts sont portées devant le tribunal du lieu où l'exécution se poursuit.

Section 3 : Des règles spéciales

Article 141 Les demandes reconventionnelles n'exercent, quant à la compétence, aucune influence sur l'action originaire.

Nonobstant les prescriptions relatives à leur compétence matérielle et territoriale, les tribunaux connaissent de toutes les demandes reconventionnelles, quels qu'en soient la nature et le montant.

Article 142 Les demandes fondées sur le caractère vexatoire et téméraire d'une action sont portées devant le tribunal saisi de cette action.

Article 143 Le juge compétent pour statuer sur la demande principale connaît de tous les incidents et devoirs d'instruction auxquels donne lieu cette demande.

Article 144 Le juge devant lequel la demande originaire est pendante connaît des demandes en garanties.

Article 145 En cas de litispendance, les causes pendantes devant les juridictions différentes sont renvoyées par l'une d'elles à l'autre selon les règles et dans l'ordre ci-après :

1. la juridiction saisie au degré d'appel est préférée à la juridiction saisie au premier ressort ;

2. la juridiction qui a rendu sur l'affaire une disposition autre qu'une disposition d'ordre intérieur est préférée aux autres juridictions ;

3. la juridiction saisie la première est préférée aux autres juridictions.

Une expédition de la décision de renvoi est transmise avec les pièces de la procédure au greffe de la juridiction à laquelle la cause a été renvoyée.

Article 146 Les demandes pendantes devant un Tribunal de paix peuvent, à la requête de l'une des parties, être jointes à des demandes connexes pendantes devant le Tribunal de grande instance. La juridiction ainsi saisie statue en premier ressort.

Lorsque les demandes pendantes devant les juridictions différentes de même rang sont connexes, elles peuvent, à la demande de l'une des parties, être renvoyées à celle de ces juridictions qui a déjà rendu une décision autre qu'une disposition d'ordre intérieur, sinon, à la juridiction saisie la première.

Dans ce cas, lorsque les parties ne sont pas les mêmes dans toutes les actions connexes et que la juridiction de renvoi a déjà rendu un jugement qui ne la dessaisit pas, le renvoi à cette juridiction ne peut être prononcé si le plaideur qui n'a pas été partie à ce jugement s'y oppose.

Les décisions de' renvoi sont rendues en dernier ressort.

La juridiction de renvoi ne peut décliner sa compétence sur les causes dont elle est saisie.

Une expédition de la décision de renvoi est transmise avec les pièces de la procédure au greffe de la juridiction à laquelle la cause a été renvoyée.

Article 147 Les étrangers peuvent être assignés devant les tribunaux de la République Démocratique du Congo dans les cas suivants :

1. s'ils ont un domicile ou une résidence en République Démocratique du Congo ou y ont fait élection de domicile ;

2. en matière immobilière si l'immeuble est situé en République Démocratique du Congo ;

3. si l'obligation qui sert de base à la demande est née, a été ou doit être exécutée en République Démocratique du Congo ;

4. si l'action est relative à une succession ouverte en République Démocratique du Congo ;

5. s'il s'agit d'une demande en validité ou en main- levée de saisie-arrêt formée en République Démocratique du Congo ou de toutes autres mesures provisoires ou conservatoires ;

6. si la demande est connexe à un procès déjà pendant devant un Tribunal de la République Démocratique du Congo ;

7. s'il s'agit de faire déclarer exécutoires en République Démocratique du Congo les décisions judiciaires ou les sentences arbitrales rendues ou les actes authentiques passés en pays étrangers ;

8. s'il s'agit d'une contestation en matière de faillite, quand Ia faillite est ouverte en République Démocratique du Congo ;

9. s'il s'agit d'une demande en garantie ou d'une demande reconventionnelle, quand la demande originaire est pendante devant un tribunal de la République Démocratique du Congo ;

10. dans les cas où il y a plusieurs défendeurs dont l'un a son domicile ou sa résidence en République Démocratique du Congo ;

11. en cas d'abordage ou d'assistance en haute mer ou dans les eaux étrangères, quand le bâtiment contre lequel des poursuites sont exercées, se trouve dans les eaux congolaises au moment où la signification a lieu.

Article 148 Hors les cas prévus à l'article 147 de la présente loi organique, les étrangers peuvent être assignés devant les tribunaux de la République Démocratique du Congo, si le demandeur y a son domicile ou sa résidence. Dans ce cas, le tribunal Compétent est celui du domicile ou de la résidence du demandeur.

Chapitre III : De la compétence en matières commerciale et sociale

Article149 Les règles relatives à l'organisation et à la compétence prévues par la présente loi organique sont applicables en matières commerciale et sociale là où les tribunaux de commerce et les tribunaux du travail ne sont pas encore installés.

Article 150 Le Tribunal du lieu du travail est seul compétent, sauf dérogation légale ou celle intervenue à la suite d'accords des parties ou d'accords internationaux.

Titre III : Des dispositions transitoires et finales

Article 151 Là où ne sont pas encore installés les tribunaux de paix, les tribunaux de commerce et les tribunaux du travail, les tribunaux de grande instance sont compétents pour connaître en premier ressort des matières qui relèvent normalement de la compétence de ces juridictions.

Article 152 En attendant l'installation des tribunaux pour enfants institués par l'article 84 de la loi n° 009/001 du 10 janvier 2009 portant protection de l'enfant, les chambres spécialisées des tribunaux de paix connaissent des matières dans lesquelles se trouve impliqué l'enfant en conflit avec la loi et appliquent toutes les règles de procédures prévues par cette loi.

Article 153 Les affaires relevant de la compétence de la Cour de cassation pendantes devant la Cour suprême de justice et la Haute Cour militaire sont transférées, en l'état, à la Cour de cassation dès son installation.

Article 154 En attendant l'installation des juridictions de l'ordre administratif la Cour Suprême de Justice et la Cour d'Appel exercent les attributions dévolues respectivement au Conseil d'État et à la Cour Administrative d'Appel prévus par la Constitution et appliquent, chacune, les règles de compétence définies par les articles 146 à 14.9 de l'ordonnance loi n°82 020 du 31 mars 1982 portant code de l'organisation et de la compétence judiciaires.

Article 155 Jusqu'à l'installation effective de la Cour administrative, la Cour d'appel est compétente pour connaître du contentieux fiscal et applique les règles de compétence définies aux articles 150 à 152 de l'ordonnance-loi n°82-020 du 31 mars 1982 portant Code de l'Organisation et de la Compétence Judiciaires, telle que modifiée à ce jour.

Article 156 Sont abrogés :

1. l'ordonnance-loi n°82-020 du 31 mars 1982 portant Code de l'Organisation et de la Compétence Judiciaires, telle que modifiée à ce jour ; sous réserve des dispositions des articles 154 et 155 de la présente loi organique ;

2. l'ordonnance-loi n°84/023 du 30 mars 1984 relative aux privilèges de juridiction et aux immunités des poursuites des membres des assemblées régionales, des conseillers urbains, des conseillers des zones urbaines et rurales et des conseillers de collectivité ;

3. Les articles 123, 125, 127, 280 à 301 de la loi n°023-2002 du 18 novembre 2002 portant code judiciaire militaire.

Article 157 La présente loi organique entre en vigueur à la date de sa promulgation.

REFERENCES BIBLIOGRAPHIQUES

OUVRAGES

1. Antoine, R. (1965). *Le Droit Judicaire congolais, l'instruction criminelle et la procédure pénale*, Bruxelles, Maison Ferd. Larcier S.A. Tome III.
2. Benjamin, C. (1796). *De la force du gouvernement actuel de la France et de la nécessité de s'y rallier.* Paris, Dalloz.
3. Bernard, B. (2017). *Droit pénal général,* Paris, Dalloz.
4. Bouloc, B. (2017). *Droit pénal général,* Paris, Dalloz.
5. Cornu, G. (2018). *Vocabulaire juridique.* Paris, Association Henri Capitant.
6. Gabriel MARTY et Pierre RAYNAUD (1962). Droit civil. Tome II, 1er volume les obligations. Paris
7. Gaston, Vogel (2018). *Les pandectes Droit pénal, nouvelle édition*, Belgique, Larcier, p. 106.
8. Guetier, C. (1996). *La responsabilité administrative.* Paris, LMGFJ.
9. Kabengela Ilunga Jean-Marie (2025). *De la nécessité d'un verrou protecteur de l'intégrité territoriale par la révision constitutionnelle.* Kinshasa, Ed. Universitaire Africaine : p.24
10. Jean, P. (2016). *Droit pénal comparé,* Paris, Dalloz.
11. Montesquieu. (1874). *Esprit des lois,* Paris, Garnier Frères.
12. Nyabirungu, M. (1989). *Droit pénal général zaïrois.* Kinshasa, Droit et Société.
13. René, C. (1954). *Jurisprudence publique et responsabilité privée, « les influences réciproques des jurisprudences administratives et judiciaires_».* Paris, LDJL.
14. Sita, M. (2001). *Droit pénal général.* Aix-Marseille, ODF.
15. Wane, B. (2013). *Droit pénal général.* Kinshasa, Presse Universitaire du Congo.

THESE

1. Nicolas, Fortat (2011). Droit Public autorité et responsabilité administrative. Thèse soutenue le : 29 mars 2011 pour obtenir le grade de : Docteur de l'université François - Rabelais Discipline/ Spécialité

MEMOIRE

1. Masudi, Kandolo. (2009). Des obligations positives de l'Etat congolais face à la protection du droit à la vie de 2007-2009. Mémoire de licence, Université officielle de Bukavu

ARTICLES DES REVUES

1. Anon. (2019). Les peines en droit pénal: définition, histoire, fonction. Consulté le 28/09/2023. httsp://www.coursdedroit.net
2. Anonyme, Organisation administrative et judiciaire. La hiérarchie des normes, 2017, p. 1.
3. Antoine, F. (2021). Rendre les travaux forcés profitables pour l'État: le calcul de coût dans les bagnes de Guyane au XIXe siècle. *Revue d'histoire des comptabilités*, 1-22. https://journals.openedition.org
4. Julien, P. (2016). La notion d'arbitraire dans la jurisprudence de la Cour européenne des droits de l'Homme. *Les cahiers de la justice*, 521-531. https://www.cairn.info/revue-les-cahiers-de-la-justice-2016-3-page-521.htm
5. Luzolo B. (2011). Manuel de procédure pénale Presses Universitaires du Congo PUC Kinshasa.
6. Mpoyi, K. (1975). La répression du détournement des deniers publics au Zaïre: commentaire de la loi n°73/017 du 5 janvier 1973. *Etudes zaïroises*, 27-52. https://www.africabib.org/rec.php?RID=184608279
7. Thomas d'Aquin MBIDA ELONO, La norme juridique aux confins du genre norme. Jalons pour une théorie instrumentale du droit. *Revue Pluridisciplinaire Africaine de l'environnement*, 2021, 4, pp.146-162. halshs-03520420

TEXTES LEGAUX

1. Constitution de la République Démocratique du Congo du 18 février 2006, telle que modifiée par la Loi n° 11-002 du 20 janvier 2011, *J.O.R.D.C.,* n° spécial, 5 février 2011, pp. 12-46.
2. Loi n°73-017 du 05 janvier 1973, modifiant et complétant le Code pénal congolais, art. 2, *J.O.Z.*, n°4, 15 Février 1973, p.3.
3. Loi Organique n°13/011-B du 11 avril 2013 portant organisation, fonctionnement et compétences des juridictions de l'ordre judiciaire, *J.O.R.D.C.* n° spécial, 4 mai 2013, pp. 22-23.

4. Loi Organique n°13/026 du 15 octobre 2013 portant organisation et fonctionnement de la Cour constitutionnelle, art. 72, *J.O.R.D.C.* n° spécial, 18 octobre 2013, p.15.
5. Ordonnance n° 344 du 17 septembre 1965 relative au régime pénitentiaire, art. 9, https://www.leganet.cd
6. Ordonnance-loi n°68-195 du 3 mai 1968 portant chèques non provisionnés et autres effets tirés sans droit, art. 1er, https://www.leganet.cd
7. Ordonnance-loi n°82-020 du 31 mars 1982 portant le code de l'organisation et de la compétence judiciaire, *J.O.Z.*, n°7,1982.
8. Ordonnance-loi n°83-009 du 29 mars 1983 portant modification et complément du code de l'organisation et de la compétence judiciaire, art. *J.O.Z.*, n° spécial, 1983, p.
9. Décret du 30 janvier 1940, portant Code pénal congolais, tel que modifié et complété par la Loi n°73-017 du 05 janvier 1973, *J.O.Z.*, n°4, 15 février 1973.
10. Décret du 6 août 1959 portant Code de procédure pénale tel qu'actualisé à ce jour.

DICTIONNAIRES

1. Vocabulaire juridique sous la direction de Gérard Cornu, Presses Universitaires de France, Paris, 1987.

DECISIONS JUDICIAIRES

1. CSJ/RDC, 19 août 2011, R. Const 166, PR c. PL, Kinshasa, 2011.
2. CCAS/RDC, 23 mars 2020, RP. 04/CR, MP c. IK et MM, Kinshasa, 2020.
3. TGI Kin/Gombe, 20 juin 2020, MP et PC/RDC c. KL, SJ et MN, Kinshasa, 2020.

www.ingramcontent.com/pod-product-compliance
Lightning Source LLC
LaVergne TN
LVHW052317200926
848481LV00002B/589